ONLAR GÖÇTÜ BURADAN

Türkiye'nin Yeni Göç Nesli

EVRİM KURAN

Mundi Kitap

Onlar Göçtü Buradan: Türkiye'nin Yeni Göç Nesli, Evrim Kuran

1. basım: Eylül 2021, İstanbul
Bu kitabın 1. baskısı 10 000 adet yapılmıştır.

Dizi editörü: Merin Sever
Editör: Önder Abay
Mizanpaj: Atahan Sıralar
Düzelti: Melis Oflas

Kapak tasarımı: Lom Creative (www.lom.com.tr)

Baskı ve cilt: Özkaracan Matbaacılık ve Ciltçilik San. ve Tic. Ltd. Şti.
Evren Mah. Gülbahar Cad. No: 62 Bağcılar / İstanbul
Sertifika No: 45469

ISBN 978-605-74326-6-7

MUNDİ KİTAP
Maslak Mah. Eski Büyükdere Cad. İz Plaza, No: 9/25 Sarıyer/İstanbul
Telefon: (0212) 252 56 75 / 252 59 88 / 252 59 89 Faks: (0212) 252 72 33
mundikitap.com
bilgi@mundikitap.com
Mundi Kitap, Can Sanat Yayınları Yapım ve Dağıtım Tic. ve San. A.Ş.'nin tescilli markasıdır.
Sertifika No: 43514

ONLAR GÖÇTÜ BURADAN

Türkiye'nin Yeni Göç Nesli

EVRİM KURAN

SOSYOLOJİ

MUNDİ

Evrim Kuran'ın Mundi'deki diğer kitabı:

Z: Bir Kuşağı Anlamak, 2020

EVRİM KURAN, Hacettepe Üniversitesi'nde İngiliz Dili ve Edebiyatı ve Sabancı Üniversitesi'nde Executive MBA bölümlerinde öğrenim gördü. Harvard Business School'da Davranış Ekonomisi, İnovasyon, Tasarım Düşüncesi eğitimlerinin yanı sıra aynı okuldan Yönetimde Mükemmellik Sertifikası aldı. Evrim Kuran 2000 yılından bu yana kuşak araştırmaları, organizasyonel çekicilik çalışmaları yapıyor, tersine mentorluk programları tasarlıyor. Pek çok ulusal ve global markanın gençlik iletişimi ve işveren markası danışmanlığını yapıyor; alanında dünyanın önde gelen araştırma ve danışmanlık şirketi Universum'un Türkiye liderliğini de sürdürüyor. Kuran, 2013 yılından bu yana bölgenin en kapsamlı işveren markası konferanslarından biri olan People Make the Brand'in de yaratıcısı ve küratörü; ayrıca eğitim alanındaki bir sosyal girişim olan YetGen Koop kurucu üyesi, PERYÖN – Türkiye İnsan Yönetimi Derneği Gençlik Kurulları temsilcisi, Sabancı Üniversitesi Yönetim Bilimleri Fakültesi ve Yanındayız Derneği Danışma Kurulu üyesidir. Evrim Kuran'ın Türkiye'nin beş kuşağını anlatan *Telgraftan Tablete* ve Z kuşağını farklı araştırmalarla mercek altına aldığı *Z: Bir Kuşağı Anlamak* adlı iki kitabı yayımlanmıştır. Hâlâ çeşitli süreli yayınlarda yazılar yazıyor ve konferanslara konuşmacı olarak katılıyor.

Her şeye rağmen yola çıkan bütün küçük kara balıklara...

İÇİNDEKİLER

TEŞEKKÜR

Bu bir araştırma kitabı. İlk iki kitabımda olduğu gibi, bu çalışmada da istatistikleri anlatılarla buluşturmak istedim. Rakamları kazımak istedim ki arkasındaki gerçek insanları görebilelim, duyabilelim, hissedebilelim. Göçü ve Türkiye'nin yeni göç neslini sadece akademik bilgiyle, grafiklerle anlatsaydım, insanların sadece birer rakamdan ibaret olduğunu sanabilirdik. Oysa bu kitaba konu olan araştırmanın arkasında o insanların duyguları, deneyimleri var; söyleyebildikleri, söyleyemedikleri acıları var. Aynı hisleri paylaşmıyor olsaydım, bu araştırmayı yaparken bu kadar canım acımazdı. Canın acımazsa yazamazsın. Bu sebeple ilk teşekkürümü, araştırmaya dünyanın dört bir yanından katılan binlerce göçmen dostuma, hikâyelerini benimle cömertçe paylaşan o cesur insanlara sunmak isterim. Kitabın içinde geçen hikâyelerde isimlerini değiştirmiş olsam da, paylaştıkları her zaman kalbimde gerçekliklerini koruyacak. Bana güvendiğiniz için müteşekkirim.

Bir çocuk büyütmek için koca bir köy gerekir derler ya, kitap yazmak da böyle bir süreçtir. Bir yazarın yetenekleri veya yetkinlikleri ne seviyede olursa olsun, hele de bir araştırma kitabı için yola sizin gibi yüreğini koyacak yoldaşlar gerektirir. Bu kitabın fikir aşamasından sonsözü yazılana dek olan süreçte her zaman olduğu gibi dostluğunu, desteğini esirgemeyen ve aramızdaki 8.500 kilometreye rağmen yanı başımda hissettiğim editörüm, dostum Önder Abay'a çok teşekkür ederim. İtiraf etmeliyim ki bu kitabın yazım aşaması hayatın beni çok zorlayıcı biçimde imtihan ettiği bir döneme denk geldi. Yazarların zaman zaman içine düştüğü *writer's block* denen bir hal vardır. Türkçeye yazar tıkanıklığı olarak çevirebileceğimiz bu duruma düşen kişi yaratıcılığının azaldığını düşünür; kalbinden kalemine akış durur; kendini günlerce boş bir sayfaya bakarken yakalar. Önder Abay olmasaydı, bu tıkanıklıktan çıkamazdım. Benden vazgeçmediğin için müteşekkirim.

Kitabın bir fikir olarak kalbime ve zihnime düştüğü ilk andan bu âna dek, çalışmanın araştırma, analiz ve değerlendirme süreçlerinde her daim canla başla çalışan ekip arkadaşlarım Gülhane, Merve, Serkan ve Pınar'a yürekten teşekkür etmek isterim. Kitabın oluşum sürecinde ben zaman zaman düşsem de onlar hep ayaktaydı, hep yanımdaydı. Memleketten binlerce kilometre uzaktayken, beni ruhen hep orada tutabildiğiniz için sizlere müteşekkirim.

"Söylenmeyen söz ağırlaşır." Bunu ondan öğrendiğimde henüz yirmilerime girmemiştim. 45'imde hâlâ şiarım olan bu sözün yazma serüvenimde etkisi büyüktür. Kült romanı *7*'nin ilk kez yayımlandığı 90'ların başından bu yana, sıkı bir okuru oldum. Bir roman kaç kez okunabilirse, o kadardan daha fazla okudum; sanırım ezberledim. Ve bunca yıl, uzaktan uzağa *7*'nin ve onun en büyük hayranlarından oldum. Uzaktan sevip, beğenip biraz yakından gördükçe, tanıdıkça fena hayal kırıklığı yaşadığım edebiyat, müzik, sanat, iş, spor dünyası kahramanlarımın istatistiğinin kabarık olması sebebiyle hayranlık müessesine itidalle yaklaşsam da, hayat beni bu çağımda onunla tanışmayla ve onunla çalışmayla ödüllendirdi. İyi ki varsın Cem Akaş. Beni, bu kitaba konu araştırmanın katmanları arasında gezdirdiğin için sana müteşekkirim.

Kişisel göç yolculuğumda, anayurdumda benden hiç vazgeçmeyen, sesim her titrediğinde bana kol kanat geren, her yurtsuz hissettiğimde kalpleriyle bana yuva olan memleketteki can dostlarıma çok teşekkür ederim. Dostluğumuzun aramızdaki saat farklarından, kilometrelerden çok daha büyük, çok daha derin olduğunu gösterdiniz. Siz olmasaydınız, gözyaşlarım gülümsemelere, kahkahalara dönüşemezdi. Göç bir imtihandı; o sınavı birlikte verdik, veriyoruz. Kardeşliğimize müteşekkirim.

Yeni vatanımda yeni insanlar tanıdım. Kimileri elendi gitti yaşamın telaşında; göç serüveninin acımasızlığında. Ama kimileri de var ki kırk yıllık dostmuşçasına tuttu sarıldı bana, ben de onlara. Toronto'da, Oakville'de, Innisfil'de bana ve oğluma kalplerini, evlerini, sofralarını açan, bir telefonumla koşup gelen, canımdan can gittiği zamanlarda canıma can katan göçmen dostlarım, birbirimize yuva oluşumuza müteşekkirim.

Koşulsuz sevgi iyileştiricidir. Bu dünyadaki tüm acımasızlıkların, tüm haksızlıkların, tüm aldanışların üstesinden ancak koşulsuz sevgi gelebilir. Göçün ve gurbetin de. Yedi kere düştüğümde, sekiz kere kalkabildiysem ailemden aldığım koşulsuz sevgi sayesindedir. Anneme, babama ve kardeşime koşulsuz sevgilerinden aldığım tarifsiz güç için teşekkür ederim. Köklerime müteşekkirim.

Ve Ali... Kalbi güzel, adı güzel oğlum, hayat kanıtım, yol arkadaşım. 14 yıldır bu cihanda, beş yıldır da göç yolunda yoldaşız. Bedenime düştüğün günden bugüne dek zamansız bir ruhçasına eşlik ettin yolculuğuma. "Bir çocuk tanrıyı kalbimin hizasına getirdi," der Şükrü Erbaş. Kalbim sen varsın diye böyle işte çocuğum... Sen varsın diye her gecenin mutlaka sabahı var ve her kışın baharı. Senden önce dişimle tırnağımla tutunduğum hayata bugün yüreğimle sarılıyorsam sen varsın diye. Varlığına müteşekkirim.

BAŞLARKEN

Yaşam bana birçok kimlik verdi. Evlat, abla, anne, kadın, girişimci, yazar, araştırmacı ve dahası... Ancak bir tanesi var ki doluya koydum almadı, boşa koydum dolmadı; en çok onu taşımakta zorlandım: Göçmen. Bu kitaba konu olan araştırmayı yapmaktaki ve bu kitabı yazmaktaki temel motivasyonum budur: Eteğimde epeydir bana ağırlık yapan taşı dökmek. Benim ve binlercesinin... Hele de Türkiye'nin en genç göç neslinin...

Lübnan asıllı Fransız yazar Amin Maalouf, *Doğu'dan Uzakta* romanında, kendisi gibi Lübnan İçsavaşı sonrası ülkesini terk ederek Fransa'ya yerleşen roman kahramanı Adam üzerinden ülkesiyle ve kendiyle yüzleşir. "Her insanın gitmeye hakkı vardır, onu kalmak için ikna etmesi gereken ülkesidir," der. Benim hikâyem de böyle başladı.

Eşya sevmem ben. Mülkiyet ve aidiyetten ziyade cesarete inandığımdan olsa gerek, şehirlerden ve ülkelerden eşyalarla değil birkaç bavulla gittim hep. Doğduğum büyüdüğüm kent Ankara'dan İstanbul'a gidişim ilk göçümdü. Sonra hiç yapamam dediğim bir şeyi yaptım; 2016 yılının ilk günlerinde Türkiye'den 8.500 kilometre uzağa, Kanada'ya yine bavullarımla göçtüm. On buçuk saatlik ilk Kanada uçuşumu ömrümce unutamam. Yol boyunca gözümü kırpmadım; çünkü yaşamımda ilk kez bir ülkeye turist kapısından değil, göçmen kapısından girecektim. Yol boyunca içsesim dinmedi. 40 yaşındaydım ve hiç tanımadığım bir ülkede, nasıl karşılanacağımı bilmediğim bir yolculuğa adım atmıştım. Pek çok göçmen gibi durumu rasyonelleştirmeye çalışıyor, olmazsa döneriz diye kendimi avutuyordum. Kitabın ilerleyen bölümlerinde pek çok farklı göçmenin dilinden okuyacağınız ve araştırma bulgularımızda göreceğiniz *myth of return* (geri dönüş miti) kavramıyla sanırım ilk kez o zaman tanıştım.

Göçmenlik yaşantımın başladığı ilk günden bugüne dek, gözümü her açtığımda, camdan her dışarı baktığımda kendime aynı soruyu sordum: Burada ne işim var? Bu sorunun her gün en akılcı biçimde yanıtlanması gerekiyordu ki ayakta kalabileyim. Tezer Özlü 1982 Ekim'inde Berlin'den Leyla Erbil'e yazdığı mektuplardan birinde şöyle der: "Ülkende olmayınca nesin? Ülkemizde neyiz? Tabii işlevimiz var. Kendi kendimizle de olsa. Ne garip bir ülke şu Türkiye. En güzel yerde. Denizleri, karaları. Neyse. Kimse, ya da çok az insan dünyayı bizim kadar kavrama şansını elde etti. Bu bile yeter." Göçmenlik yaşantımın başladığı ilk günden bugüne dek, gözümü her açtığımda Tezer'i anımsadım. Ve onun, "Gideceğini sanan delidir," deyişini. Ben de gideceğimi sanmıştım.

Göçmenlerin dünyasında memlekete yatay dönmek diye bir kavram var. Yani tabutta. Bunu önceki kuşak göçmenler, "Gelirken uçak koltuğunda geldik, dönerken bagajda gideriz," diye de tanımlıyorlar. Öyle ki, önceki kuşak göçmenler memlekette mezar yeri alırlarmış. Yeni göç kuşağında bu da kalmadı. Göçmenliğimin ilk yılında bu mevzu üzerinde çok düşündüm. Memleketten 8.500 kilometre uzakta ölürsem nereye gömüleceğim? Yakınlarıma vasiyet ettim: "Ben burada ölürsem beni Ankara'ya götürün. Orada gömülmek istiyorum."

Yunancada *monachopsis* diye bir sözcük var. Geri planda sürekli seyreden, tereddüt hissettiren, bir yere ait olamama duygusu. Sanırım göçmenlerde sürekli seyreden hal bu: Her şeyin geçici olduğunu düşünme ve hep ne olduğunu bilmeden bir şeyi bekleme. Sosyolog Zygmunt Bauman'ın göç üzerine bir konuşmasını dinlemiştim. Şöyle diyordu: "Göçmen yer değiştirmez, yeryüzündeki yerini yitirir. Vatanından olmuştur ama yeni bir vatan da bulamamıştır."

Türkiye işçi göçü hareketiyle 1960'ların başında tanıştı. İkinci Dünya Savaşı sonrası canlanan ekonomilerdeki işgücü açığını kapatmak üzere Avrupa ülkelerine yola çıkan işçilerimizin yarattığı işgücüne ilk etapta misafir işçiler dendi. Bu süreç, zaman içinde evlilik yoluyla ve/veya bir bölgeden ya da bir topluluktan insanların başka bir bölgeye toplu veya kademeli göçü anlamına gelen zincirleme göçün (*chain migration*) ortaya çıkışıyla birlikte kalıcı hale geldi. Ardından, 1980 rejimiyle yaşanan siyasi olayların yarattığı olumsuz etkiler de Türkiye'nin 1960 ve sonrası yıllarda Batı'ya verdiği göçlerin sebepleri arasındaydı.

Bugünün Türkiye'sinde yeni nesil bir göç hareketi yaşanıyor. Son üç yılda 10 bin milyoner ile 13 bin girişimci ve işinsanı, toplam 23 bin kişi Türkiye'yi terk etti. Böylece Türkiye, Çin ve Hindistan'ın ardından dünyada en çok milyoner kaybeden üçüncü ülke oldu. Türkiye'den yurtdışına göç eden kişi sayısı da üç yılda yüzde 97 arttı. 2016'da 69.326 kişi olan yurtdışına giden T.C. vatandaşı sayısı 2018'de 136.740 kişiye yükseldi. TÜİK'in açıkladığı göç istatistiklerine göre 2019 yılında en fazla 25-29 yaş arası nüfusun Türkiye'den göç ettiği görüldü. Bu yaş aralığı göç eden nüfusun yüzde 41'ini oluşturmaktaydı. İstatistiklere göre, 2018 yılında da göç edenlerin en büyük bölümü yine 25-29 yaş grubundandı.

Ne yazık ki Türkiye'de göç yaşı giderek düşmekte. UNESCO verilerine göre, Türkiye'den her yıl 50 bin öğrenci yurtdışına okumaya gidiyor. İstanbul Erkek Lisesi'nden 2019'da mezun olan gençlerin yüzde 52.6'sı, Alman Lisesi'nden mezun olanların yüzde 94.7'si, Galatasaray Lisesi mezunlarının da yüzde 32.6'sı yükseköğrenim için Almanya, ABD, Kanada ya da Fransa'ya gitti.

Türkiye'nin yeni nesil göçmenleri gitgide daha yetkin kişilerden oluşuyor. 2012 yılında yurtdışına giden hekim sayısı yalnızca 59 iken, 2019'da 1.042'ye ulaştı. Geçen yıl pandemiye rağmen Türk Tabipleri Birliği'nden belge isteyen hekim sayısı 931'e ulaştı. Ne yazık ki, 20 OECD ülkesine doğru yaşanan beyin göçünün bile Türkiye'ye en az 220 milyar dolara mal olduğu tahmin ediliyor.

Bu kitaba konu olan araştırma 2020 Şubat–Temmuz döneminde dokuz bölge, 118 ülke, 728 kentte yaşayan 3.253 göçmenle gerçekleşti. Bir göçmen ve bir kuşak araştırmacısı olarak çıktığım bu yolculukta yüzlerce farklı hikâyeyi doğrudan dinleme fırsatım oldu. Bulguların göçmen dostlarıma yalnız olmadıklarını hatırlatmasını, göçmeyi düşünenleri yargılar ya da yorumlarla değil gerçeklerle buluşturmasını ve en önemlisi de kural koyucunun ülkenin kıymetlerinin ülkede kalmalarını kolaylaştırıcı tedbirler almasını sağlamasını dilerim. Çünkü onlar, o güzelim nesil, göçtü buradan.

Evrim Kuran
Toronto – İstanbul
2021

GÖÇ KURAMLARI

Gittiniz hep dizi dizi,
Bıraktınız ülkemizi,
İlkbaharda gene gelin,
Unutmayın sakın bizi.

Zeki Tunaboylu

Ankara'da geçen çocukluğumda, göç benim için sadece kuşların başına gelen bir haldi. Kuşlar havaların soğumasıyla ılıman iklimlere gider ve baharda geri dönerlerdi.

Bir de aynı apartmanda yaşadığımız ve iki odalı evinin bir odasını kiraladığımız Almancı Yusuf Amca ve Meryem Teyze vardı. Her yaz karavanlarıyla Almanya'dan gelirler ve bir ay kalırlardı. Gelirken hediye niyetine Nivea krem getirirlerdi ki annem bu çok kıymetli malzemeyi gıdım gıdım kullanırdı. Yazları ben ve arkadaşlarım sokakta oynamak yerine o klimasız karavanın içinde hayallere dalardık. Bir gün belki biz de böyle bir karavanla Almanya'ya gideriz. Yusuf Amca gibi polis, Meryem Teyze gibi hemşire oluruz. (Büyüyünce öğrendim ki Yusuf Amca araba yıkayıcısıymış, Meryem Teyze de bir hastanede temizlik görevlisi.)

Bugün dünyada 10 binden fazla kuş türü var. Bu türlerin yaklaşık 1.800'ü uzun mesafeli göçmen kuş türleri. Bugün dünyada 7,7 milyar insan var. Bu insanların 272 milyonu göçmen.[1] Zorunlu veya gönüllü olarak, kuşlardan bile daha fazla göçüyormuş insanlar. Bunun bir açıklaması olmalı.

Bir demografi araştırmacısı olarak göç kavramını irdelemem elbette kaçınılmazdı çünkü göç süresi, yapısı ve nedeni ne olursa olsun insanların yer değiştirmeleri sonucunu doğuran nüfus hareketlerini kapsayan bir kavram. Birleşmiş Milletler'e göre bu hareketlerin sınır ötesi göç sayılabilmesi için, coğrafi hareketliliğin bir yıl ve üzerinde bir süreyi kapsaması, önemli veya uzun bir mesafe kat etmesi, siyasal sınırları aşması gerekmekte. Siyasal bir sınır aşmadan, aynı ülke içinde de göç edilebilir elbette, ancak ben bu kitapta iç göçleri değil sınır ötesi göçleri, özellikle de genç nüfusun sınır ötesi göçünü ele alacağım.

Temel Göç Kuramları

Göçle ilgili bilinen ilk bilimsel çalışma Ravenstein'a aittir. Ravenstein çalışmasını, 1871 ve 1881 yılı İngiliz nüfus sayımı istatistiklerinin verileri üzerine kurmuş ve bu verilerden hareketle yedi göç kanunu belirlemiştir. Bu çalışmanın değerli olarak nitelenmesinin nedeni, daha sonra yazılacak olan göç kuramlarına ve modellerine öncülük etmesidir.[2]

Ravenstein, 1885 ve 1889 yıllarında yayımladığı "The Laws of Migration" (Göç Kanunları) başlıklı iki makalesinde yedi maddelik bir göç kanunu önermiştir.

Ravenstein'ın göç kanununun maddeleri şunlardır:

1. Göç ve mesafe: Göçmenlerin büyük çoğunluğu *sadece kısa mesafeli bir yere göç* ederler. Bu kısa mesafeli göç, gidilen yerde göç dalgaları yaratan bir etkiye sahiptir. Ortaya çıkan bu göç dalgaları daha fazla göçmeni içine alabilecek olan büyük sanayi ve ticaret merkezlerine doğru yönelme eğilimindedir.

Büyük merkezlere doğru yönelen göçün boyutlarını belirleyen de bu gelişen sanayi kentlerindeki yerli nüfusun yoğunluğudur.

1. IOM - Uluslararası Göç Örgütü, "2020 Dünya Göç Raporu", IOM UN Migration, Grand-Saconnex, 2021.

2. E.G. Ravenstein, "The Laws of Migration", *Journal of the Statistical Society of London*, cilt 48. No.2, Haziran 1885; (aktaran) Kemal Dil, "Göç Olgusuna Göçmenlerin Deneyimleri Üzerinden Bakmak", *İdealKent*, sayı 6, s. 149-171.

2. Göç ve basamakları: Sanayileşme ve ticaretin gelişmesiyle birlikte, kentsel bağlamda meydana gelen hızlı ekonomik büyüme, kenti çevreleyen yakın yerlerdeki kişileri hızla kente çekmektedir. Kentin çevresel alanındaki kırsal bölgede meydana gelen seyrelme, uzak bölgelerden gelen göçmenlerce doldurulmaktadır. Uzak bölgelerden gelen göçmenlerin kendi yaşadıkları yerde yarattıkları seyrelme de, o bölgelere daha yakın yerlerden gelenlerle doldurulacaktır. Her bir basamak kente yakınlaştıkça ve kentin avantajları diğer göçmenler tarafından algılandıkça, göç tüm ülkeye yayılacak ve ülkenin her yerinde hissedilecektir.

3. Yayılma ve emme süreci: Ravenstein'a göre göç, kendi başına amaç olamaz, bireyler sadece göç etmek istedikleri için yer değiştirmezler. Göçmenler için amaç, kentte gelişen ekonomik ve ticari faaliyetin getirisinden pay almaktır. Kentin getirisinden pay alma isteği ya da daha iyi yaşama arzusu, yayılma sürecini desteklemektedir.

4. Göç zincirleri: Ravenstein göçün zamanla zincirleme olarak geliştiğini ve göç alan yerleşim yerlerinin aynı zamanda göç de verdiğini belirtmiştir. Böylece her bir göç dalgası, tetikleyici etki göstererek, bir diğer göç dalgasını yaratmaktadır.[1]

5. Doğrudan göç: Ravenstein ilk dört kanunda basamaklı ve zincirleme bir göçten bahsetmektedir. Fakat Ravenstein'ın beşinci kanunu *doğrudan, uzun mesafeli ve basamaksız bir göç* türüdür. Benim göç hikâyem işte bu uzun mesafeli göç kategorisine girer.

6. Kır-kent yerleşimcileri farkı: Ravenstein'a göre *kentte yerleşik olarak yaşayanlar, kırsal kesimde yerleşik olarak yaşayanlardan daha az göç etme eğilimindedirler*. Bu kitaba konu olan gerçeklik ve Türkiye'nin karşı karşıya olduğu yeni nesil göç hareketi Ravenstein'ın bu önermesini sorgulatır niteliktedir.

7. Kadın erkek farkı: Ravenstein'ın son göç kanunu cinsiyete aittir. Bu kanuna göre *kadınlar, erkeklere oranla daha fazla göç etme eğilimindedirler*. Ravenstein bu önermeyi yaparken elbette ki Türki-

1. Zincirleme göçle ilk tanışmam çocukluğumun geçtiği Ankara Varlık Mahallesi'nde oldu. Büyüdüğüm mahalle, adını 1942 yılında uygulanan Varlık Vergisi'nden alır. Bu vergiyle toplanan paralarla göçmen konutları inşa edilmiştir. Ankara Varlık Mahallesi'ndeki göçmen evleri özellikle Bulgaristan'dan göç zincirleriyle gelenlere yurt olmuş, özgün sosyal yapıları nedeniyle simgesel alanlar halini almıştır. Hem çocukluğumun hem de tanıklık ettikleri dönemlerin izlerini taşırlar.

ye'nin yeni nesil göçmenleri arasında bulunan kadınların göç motivasyonlarından haberdar değildi. İlerleyen sayfalarda o kadınların hikâyelerini okuyacaksınız.

Göç Türleri

Stephen Castles ve Mark Miller *Göçler Çağı*[1] adlı eserlerinde, modern dünyadaki uluslararası göçü ve bunun nasıl yaşandığını ayrıntılı bir biçimde anlatmaya çalışır. Burada göç olgusunu *çok boyutlu, göç alan ve veren toplumu da etkileyen* toplumsal eylem olarak tanımlarlar. Göç, toplumsal değişimin neden olduğu kolektif bir eylemdir ve hem göç alan hem de göç veren ülkedeki bütün toplumsal yapıları etkiler.

Tarih boyunca pek çok araştırmacı göçü kategorize etme eğilimine girmiştir. Göçleri amacına, gerçekleştiriliş tarzına, nedenlerine, göçmen özelliklerine, tetikleyici unsurlara, göç edilen yerin özelliklerine ve daha birçok faktöre göre sınıflandırmak mümkün; ancak bu çalışmada göçü göçmen özelliklerine ve tetikleyici unsurlara göre ele alacağız.

Thomas Faist, göçleri göçmen özelliklerine göre iki kategoride ele alır: Vasıflı ve vasıfsız göçler. Bu kitapta Türkiye'nin yeni göç neslinin vasıflı göçe girdiğini göreceksiniz. Göçü tetikleyen unsurlar çerçevesinden bakıldığında ise karşımıza çıkan iki kategori zorunlu ve gönüllü göçlerdir. Kişisel özgürlüklerin sınırlandırılması ve resmî otoritelerin baskıları sonucunda zorunlu olarak gerçekleşen göçe zorunlu göç (*forced migration*) deriz. Gönüllü göçlerin (*voluntary migration*) en bariz örneği ise işgücü göçü ve beyin göçleridir. Bulundukları yerden daha iyi bir iş bulup çalışmak amacıyla göç edenler, uluslararası işgücü göçünü gerçekleştirmiş olurlar ki bu kitaba konu olan araştırmaları bu kapsamda ele alabiliriz. Bununla birlikte, sanırım siz de kitabı okudukça ülkemizin karşı karşıya kaldığı bu genç beyin göçünü daha farklı bir kategoriye, koşulların zorladığı bir "gönüllü göç" tipine dahil etme ihtiyacı hissedeceksiniz: Zorunlu gönüllü göç.

1. S. Castles, M.J. Miller, *Göçler Çağı: Modern Dünyada Uluslararası Göç Hareketleri*, çev. Bülent Uğur Bal, İbrahim Akbulut, İstanbul Bilgi Üniversitesi Yayınları, İstanbul, 2008.

TÜRKİYE'DEN GÖÇ TARİHİ

Davulla zurnayla yola çıkmış
Bandoyla karşılanmıştık
Bebeler doğurduk gurbet ellere
Büyüdüler verdik taş mekteplere
Dilleri dönmez ki bizim dillere
Merhabayı bilmez Guten tag! *diyor*
Aman aman aman aman Almancılar

Cem Karaca, 1984

Alman gazeteci Günter Wallraff, 1983 yılında sıra dışı bir gazeteciliğe imza atar. Wallraff, kılık değiştirip Türk işçisi Ali Levent Sinirlioğlu takma adıyla Almanya'da iki yıl boyunca çeşitli işlerde çalışır. Gazeteci böylelikle Türk işçilerin Almanya'daki yaşam şartlarına yakından tanıklık ederek, yaşadıklarını *En Alttakiler*[1] isimli kitabında anlatır.

Wallraff, *En Alttakiler* kitabının önsözünde Ali rolüne hazırlık sürecini şöyle anlatır:

1. G. Wallraff, *En Alttakiler*, çev. Osman Okkan, Milliyet Yayınları, İstanbul, 1986.

> Bu rolü ilk kez 1974 yılında denedim. Görünüm açısından o zaman da başarılıydım; beni annem bile tanıyamamıştı. Yine de bu role henüz hazır olmadığımı fark ettim. Hem vücutça hem de kafaca daha iyi hazırlanmam gerektiğini kavradım. Yabancı işçiler ve aileleri, gelişmiş bir sanayi toplumunun ortasında akıl almaz bir dram yaşıyorlardı; bu olguyu kamuoyunun geniş kesimlerine duyurmak için, daha uzun soluklu bir hazırlık gerekiyordu.

Alman gazeteci 1983 yılında bu sıra dışı gazetecilik işini yapmaya karar verdiğinde siyah bir peruk ve lens takar. Türk bir babanın Yunanistan'da büyüyen oğlu olarak Türkçesinin az olduğunu söyleyecektir. Hazırlıklarını tamamladığında gazeteye ilan verir: "Sağlam ve yapılı yabancı işçi iş arıyor. Ağır ve pis işlerde çalışırım. Ücret önemli değil."

Günter Wallraff, "Ali'ye Yaklaşma Denemeleri" adını verdiği dönemi şu sözlerle anlatır:

> Bir Alman olarak bir Türk işçisinin duyduklarını, yaşadıklarını hiçbir zaman tam anlamıyla kavrayamayacağımı biliyordum. Başıma peruk geçirmem, onların arasına karışmam, buna benzer dış etkenler bunu pek değiştirmeyecekti. Yurtlarından koparılmış olmalarının yanı sıra işgüçlerini sattıkları, sağlıklarını yitirdikleri bir ülke toplumunun onları dışlamasının ezikliğini kimse onlar gibi duyamaz! Benim yapabileceğim, olsa olsa, onların içinde bulunduğu konuma bir yaklaşma denemesi olabilirdi.

Wallraff, Ali Levent Sinirlioğlu takma adı altında, McDonald's ve Thyssen'in de içinde bulunduğu çeşitli işyerlerinde ve fabrikalarda işçi olarak çalışır. Bir ilaç geliştirme laboratuvarında, klinik araştırmada üzerinde ilaç denenen insanların arasında yer alır. Wallraff kitabında, yaşadığı çok kötü olayları, yabancı işçilere karşı kötü davranışları, firmaların vergi kaçırma hilelerini ve iş güvenliği ihlallerini detaylı biçimde anlatır:

Bir inşaat firmasında işe başlıyorum. Bana buyrulan ilk iş, öteki işçilerden farkımı ortaya koyuyor. Öyle ya yerimin neresi olduğunu başından bilmeliyim! Tuvaletler temizlenecekmiş! Görevim işçilerin kullandığı en az bir haftadır tıkalı olan tuvaletleri temizlemek... Dizlerime kadar dışkının içerisindeyim. Şef bağırıyor: "Kovayı küreği al, temizle şurayı fazla sallanma." İçeride inanılmaz bir koku var, işin sırf eziyet olsun diye verildiği belli. Ustabaşına gidip boruların tıkanık olduğunu, tesisatçıların girmesi gerektiğini söylüyorum. Bana, "Sen işine bak, düşünmeyi eşeklere bıraksan iyi edersin, ne de olsa onların kafaları daha büyüktür," diyor. Pekâlâ! Elimde kova kürek tuvalet temizlerken girip çıkanlar da oluyor. İki Alman laflıyor: Hep aynı, bizim dışkımızı sizlere temizletiyorlar.

İkinci Dünya Savaşı sonrası dönemin en çok satan kitaplarından biri haline gelen *En Alttakiler*, Alman toplumunun yabancılara bakışıyla ilgili sunduğu verilerle Almanya'da şok etkisi yaratır. Wallraff bu ilgiyi şöyle değerlendirir:

> Kitabın gördüğü ilgi, beklediğimizin kat kat üstünde oldu; bu doğru. Ama hayalciliğe kapılmış değilim. Yabancıların içinde bulundukları durumun köklü politik değişiklikler olmadan düzelemeyeceğini çok iyi biliyorum. Bunun için de yabancılara toplumsal yaşayışın tüm alanlarında eşit haklar sağlamak gerekir. Ama yabancılara karşı düşmanca bir tavrın neredeyse hükümet politikası olarak benimsendiği bir ortamda azımsanmayacak bir çıkış noktası elde ettik. Yabancılara ayrımcı gözle bakmayan Almanların sayısının hiç de o kadar az olmadığını gördük. Bana öyle geliyor ki yabancıların, Türk işçilerinin kendilerine güvenleri arttı. Önyargılarından kurtulamayan Almanlara ayrımcılığın, yabancı düşmanlığının toplumsal bir tepkiye yol açabileceğini sezdirebiliyorlar artık.

En Alttakiler kitabı öyle bir etki yaratır ki, daha sonra Almanya'da "Yabancılarla Dayanışma" adı altında bir yardım fonu oluşturulur. 1986 yılında da *En Alttakiler*'in belgesel versiyonu *Ganz Unten* çekilir.

Günter Wallraff'ın dikkat çektiği bu göçmenler, uzun süren İkinci Dünya Savaşı'nın ardından, Avrupa'nın yeniden inşası için gereken yoğun işgücünü sağlamak üzere Avrupa'ya göçenlerdir. 1960'lardan itibaren, Almanya başta olmak üzere, Türkiye ile birçok Avrupa ülkesi arasında anlaşmalar imzalanmıştır. Devlet Planlama Teşkilatı aracılığıyla 1961'de Federal Almanya, 1964'te Avusturya, Hollanda ve Belçika, 1965'te Fransa ve 1968'de Avustralya'yla işgücü anlaşmaları yapılır ve milyonlarca kişi çalışmak üzere Avrupa ülkelerine gider.

Avrupa ülkeleri dışında, yerleşmek amacıyla olmasa bile, inşaat projeleri çerçevesinde Suudi Arabistan, Libya, Kuveyt, Irak, Birleşik Arap Emirlikleri gibi Arap ülkelerine, Rusya ve diğer Birleşik Devletler Topluluğu ülkelerine de erkek ağırlıklı göçler gerçekleşir.

Türkiye'den yurtdışına yapılan göçler kabaca birkaç döneme ayrılabilir: 1960'larda başlayan *işgücü göçü*, 1970'lerde aile birleşmeleriyle *sosyal göçe*, 1980'lerde 12 Eylül darbesi sonrası *siyasal göçe*, 1990'larda ise terör nedeniyle *etnik göçe* dönüşmüştür. 2000'li yılların ortalarından itibaren Türkiye'deki demokratik ve ekonomik gelişmeler sonucunda ortaya çıkan yeni nesil göç ise bu kitabı yazma motivasyonumu oluşturuyor.

Türkiye'den göç serüveninin başlamasının üzerinden yarım asırdan fazla bir süre geçmesine rağmen, dünyanın dört bir yanındaki Türkiye kökenlilerin istihdam, eğitim, uyum sorunları halen devam ediyor. Hareketi başlatan o ilk kuşaktan bu yana, göç edilen ülkelerde dünyaya gelen ya da hayatının önemli bölümünü göçmen olarak geçiren yeni kuşaklar *yabancı* olmanın dezavantajlarını yaşamaya devam ediyorlar. Göç etmeyi düşünen her bireyin muhakemelerine bu gerçekleri de dahil etmesini dilerim.

1960-1970 Dönemi

Türkiye'den Almanya başta olmak üzere Avrupa ülkelerine yönelen kitlesel göçün "işgücü göçü" ile başlayan ilk döneminde, bunun işgücü göçüyle sınırlı kalacağı ve birkaç yıl içinde "misafir işçiler"in Türkiye'ye geri dönecekleri düşünülmüştü. Bu yüzden göçmenler "para kazanıp dönme"yi kurgularken, Almanya da işçilerin sözleşmelerini ilk etapta iki yılla sınırlamıştı. Nitekim işgücü anlaşmasıyla gelenlere *gastarbeiter* (misafir işçi) ismi verilmekteydi. Bu dönemde, yabancı işverenlerin sundukları iş türlerinin düşük statülü ve çalışma şartlarının da zor olmasına rağmen, önemli bir işgücü kitlesi, yurtdışında çalışarak sosyoekonomik durumlarını düzeltmek ve dönüş sonrası daha üst bir statüye ulaşmak amacıyla göç sürecine katılmaya devam etmekteydi.

1966-1973 yılları arası dönemde, yurtdışına işçi göçü beklenmeyen bir noktaya ulaştı. 1961'den 1966 yılına kadar yoğun biçimde devam eden yurtdışı işçi göçü, 1966-1967 yıllarında özellikle otomotiv endüstrisindeki ekonomik daralma nedeniyle 70 bine yakın Türk işçisinin işten çıkarılmasıyla önemli bir aşamaya geçti. Ancak işten çıkarılanlar memlekete dönmek yerine, hemşerilik ağlarını kullanarak Almanya'ya komşu Hollanda, Belçika, Danimarka gibi diğer ülkelere geçmeye başlamışlardı.[1]

İşte bu dönemde, 1969'da, dört yaşında bir çocuk ailesiyle Almanya'ya göçtü. Aile Köln'de Ford fabrikasında çalışıyordu. Bu göçmen çocuk daha genç yaşlarda bilimsel araştırmalara ve deneylere ilgi duydu. Alman televizyonunda yayımlanan ve kanseri konu edinen "Ölümsüzlük Öldürücüdür" programını izleyen genç Uğur, 19. yüzyılda modern bağışıklık sistemini keşfeden ve kansere karşı ilk kez kemoterapiyi geliştiren Paul Ehrlich'i kendisine örnek alarak Köln Üniversitesi'nde tıp okudu. 2006 yılında Mainz Üniversitesi'nde profesörlük unvanını aldı.

Kansere karşı araştırmalarla adını duyuran Profesör Uğur Şahin, kanserli hücreyle sağlıklı hücreyi birbirinden ayırıp, kanserli

1. N. Abadan-Unat, *Bitmeyen Göç/Konuk İşçilikten Ulus-Ötesi Yurttaşlığa*, İstanbul Bilgi Üniversitesi Yayınları, İstanbul, 2017.

hücreyi yok eden bir aşı geliştirdi. 2008 yılında bir başka göçmen çocuğu olan Özlem Türeci ile BioNTech'i kurdu.

Özlem Türeci İstanbul göçmeni bir ailenin çocuğu olarak Batı Almanya'nın Lastrup kentinde doğdu; çok kültürlü bir ortamda büyüdü. Doktor Özlem Türeci, on yıl boyunca Klinik ve Bilimsel Danışma Kurulu'nda görev yaptıktan sonra 2018'de BioNTech Tıp Şefi oldu. Türeci aynı zamanda Kanser İmmünoterapi Derneği Başkanı. Ortağı ve eşi Uğur Şahin ile Hamburg'da çalışırken tanışan Türeci, bilime adanmışlıklarını, "Düğün günümüzde bile laboratuvarda çalıştık," diyerek anlatıyor.

BioNTech şirketinde mRNA teknolojisini kullanarak aşı alanında bir devrim yapmayı hedefleyen çift, şimdi bu yöntemi Corona virüsü aşısı için kullanıyor. Dünyada üç milyondan fazla kişi ne yazık ki bu virüs nedeniyle hayatını kaybetti. Ancak Haziran 2021 itibarıyla dünyada COVID-19 aşılaması yapılan insan sayısı iki milyarı aştı. Türkiye'de ise 35 milyon insan aşılandı. Aşı olanların önemli kısmının Şahin ve Türeci'ye müteşekkir olduğuna eminim.

1970-1980 Dönemi

1973 petrol bunalımıyla birlikte, Avrupa'ya işgücü göçü önemli ölçüde durur, mevcut yabancı işçilerin çalışması engellenmese de ülkelerine dönmeleri tavsiye edilir. Bu yıllarda Türkiye'de listeye yazılıp işçi olarak gitmeyi bekleyenlerin sayısı ise bir milyonu aşar.[1] Resmî gidiş yolları kapanınca, turist, mülteci veya ithal gelin/damat olarak giden ya da aile birleşimi yoluyla Almanya nüfusuna dahil olan Türklerin sayısı, beklentilerin üzerinde artmaya devam eder. Özellikle aile birleşmeleri artık Avrupa'daki Türk işçilerinin "misafir" değil "kalıcı" olmaya başladıkları anlamına gelmektedir.[2]

1. *Bitmeyen Göç*, s. 7.
2. Agy.

1980-1990 Dönemi

Avrupa'ya kitlesel göçlerin üçüncü ve son dönemini, 1980'lerden itibaren 12 Eylül darbesinin yarattığı baskı rejimi nedeniyle Türkiye'den kaçanların başlattığı "siyasal göç" dönemi oluşturur. Siyasi baskılardan dolayı Fransa, Almanya ve İngiltere başta olmak üzere Avrupa ülkelerine yoğun bir iltica hareketi başlar.

Türk nüfusunun artışına engel olamayan Almanya, 1983-1984 yılları arasında Türkiye'ye geri dönmeyi teşvik edici birtakım kararları yürürlüğe sokmaya karar verir. 28 Kasım 1983 yılında yürürlüğe giren Geri Dönüşü Teşvik Kanunu'na göre 30 Haziran 1984 tarihine kadar kesin olarak Türkiye'ye geri dönenlere Almanya devleti 10.500 Alman markı yardımda bulunur ve her çocuk başına 1.500 Alman markı ödeme yapar. Bu teşviklerden yararlanan 250 bin kişinin Türkiye'ye dönüş vakti gelmiştir. [1]

1990-2000 Dönemi

9 Kasım 1989'da Doğu ve Batı Berlin'i ayıran duvarın yıkılmasından sonra, artan işsizlik ve ekonomik sorunların da etkisiyle Almanya'da yabancı düşmanlığı yükselmiş, Yahudi karşıtlığı giderek Türk ve Müslüman karşıtlığına dönüşmüştür. 1998 yılına kadar sürekli artan Türk nüfusu bu yıldan sonra düşüş gösterir.

Türkiye'den yurtdışına göçün sürdürülebilirliğini sağlayan yeni rota artık Birleşik Devletler Topluluğu (BDT) olur. Bu dönemde Körfez Krizi'nin getirdiği olumsuz koşullarla boğuşmakta olan Ortadoğu ülkelerine yönelik göç de giderek azalır. 1990 sonrası SSCB ve diğer Doğu Bloku ülkelerinde meydana gelen siyasal ve ekonomik gelişmeler, Türkiye'den BDT ülkelerine işçi ve işveren olarak gidenlerin sayısında önemli bir artışa neden olur.

2000 Sonrası Dönem

2000 sonrası dönemin göç hareketlerini anlayabilmek için öncelikle her geçen yıl şiddeti artan istihdam sorununa ve işsizlik verilerine bakmak gerekir.

1. Abadan-Unat, *Bitmeyen Göç.*

2000-2001 yılında Türkiye'de yaşanan krizlerle işsizlik oranı yüzde 10'ları aşmış ve 2008'de Amerika'da başlayan krizin küresel etkilerinin sonucu olarak 2009'da yüzde 12,6'ya erişmiştir. 2013 yılından sonraki dönemde ise işsizlik oranında sürekli artış eğilimi gözlenmektedir. Türkiye ekonomisinin hızla daralma yaşadığı 2018'de ülkede işsizlik oranı yüzde 11,4 olur. Yeni nesil göçün yükseldiği 2019'da ise bu oran yüzde 13,4'e varır. 2018'de derinleşen istihdam yaralarına çare arayan Türkiye, 2020'de pandemiyle tanışır. TÜİK (Türkiye İstatistik Kurumu) verilerine göre, Türkiye'de işsizlik oranı 2020 yılına göre yüzde 0,5 azalarak yüzde 13,2 olmuştur. Genç işsizliği ise yüzde 25,3 olarak kayıtlara geçer. Nisan 2021 itibarıyla 15-24 yaş grubunu kapsayan genç nüfusta işsizlik oranı yüzde 25,6'dır.

Ne yazık ki bugün ülkemizde 11 milyondan fazla işsiz vatandaşımız var ve bu 11 milyonun içinde üniversite mezunu gençlerimiz çok önemli bir grubu oluşturmakta. Genç işsizliği, tek başına bir neden olmamakla birlikte, Türkiye'nin yeni nesil göçünü tetikleyen en önemli faktör. Ben buna "genç düşsüzlüğü" demeyi tercih ediyorum zira geldiğimiz noktada bu ülkenin yeni nesillerine bu ülkede daha iyi bir gelecek için düş kurma fırsatını veremiyoruz.

MODERN DİASPORALAR VE TERSİNE GÖÇ

Diaspora Kavramını Yeniden Tanımlamak

Türk Dil Kurumu sözlüğüne göre diaspora "herhangi bir ulusun veya inanç mensuplarının anayurtları dışında azınlık olarak yaşadıkları yer" veya "herhangi bir ulusun yurdundan ayrılmış kolu, kopuntu" olarak tanımlanıyor. Diaspora kavramının geleneksel tanımında sürgün, katliam, soykırım gibi insanlığa karşı işlenmiş suçlar sonucunda köken ülkesinden zorla gönderilmiş etnik veya dinî unsurlar vardır. Ancak bu kavramın günümüzde, özellikle de Türkiye'nin yeni nesil göç hareketinin bağlamını incelediğimizde, anlam genişlemesine uğradığını dikkate almalıyız.

Diaspora çalışmalarının en önemli isimlerinden biri olan William Safran, bir topluluğa diaspora diyebilmenin altı temel özelliğini şöyle sıralar:[1]

1. Kendileri veya ataları anavatanlarından en az iki farklı bölgeye dağılmışlardır.

1. W. Safran, "Diasporas in modern societies: Myths of homeland and return", *Diaspora: A journal of transnational studies,* 1.1, 1991, s. 83-99.

2. Anavatanlarına ilişkin ortak bir hafızaları, bir anavatan mitosu vardır.
3. Göç ettikleri ülkelerde kendilerini kısmen yabancı ve izole edilmiş hissederler.
4. Tarihî anavatanlarını, kendilerinin gerçek, ideal evleri olarak kabul ederler; şartlar uygun olduğunda kendileri veya sonraki nesiller anavatana geri dönecektir / dönmelidir.
5. Hep birlikte anavatanın korunması veya yeniden yapılandırılması ve anavatanın güvenliği ve refahı için çalışmaları gerektiğine inanırlar.
6. Anavatanla bağlarını korumaya devam ederler ve etnik bilinçleri ve dayanışmaları, önemli ölçüde bu ilişki üzerinden tanımlanır.

Safran'ın bu nitelemeleri benim beş yıllık göçmenlik deneyimim ve bu kitaba konu olan araştırmaların çıktılarıyla birleştiğinde diaspora kavramını yeniden tanımlamaya ihtiyaç duyulduğunu gözler önüne seriyor. Göçtüğüm ülkede her sabah kalktığımda pencereden bakarken, "Ben kimim?", "Burada ne işim var?" sorularına yanıt ararken buldum kendimi. Bu konuda yalnız olmadığımı biliyorum. Bu soruların ıstırabını dindirmenin göçmen için bir yolu vardır; o da soruyu evriltmek: "Yeniden biz olabilir miyiz?" Dünyanın farklı coğrafyalarına yayılan Türkiye toplumlarının bir kısmı kendi kültürel kimlikleriyle var olabilmeyi başarabilirken, bir kısmı da göç ettikleri toplum içinde eriyip asimile olurlar. Ait olduğu topraklardan uzak düşen göçmen, göç etme nedeni her ne olursa olsun, bu asimilasyondan ürker. İşte bu yüzden, kimliğini diasporik kültür ortamında üretilen "biz" kurgusu üzerine oturtmak ihtiyacındadır.

Göçmenin anayurduyla arasındaki sembolik bağları koruması önemlidir. Bu sistem içinde adeta görünmez bir kontrattır. Göçmenliğimin ilk yılında bulunduğum coğrafyanın geleneklerine adapte olabilmek kaygımla Halloween'de (Cadılar Bayramı) kocaman bir balkabağı aldım. Komşu evlerde gördüğüm modellere bakarak bu koca balkabağını evin dış kapısına süs maksadıyla koyacaktım. Aynı gün alışveriş için dışarı çıkıp geldiğimde annemin balkabağından kabak tatlısı yaptığını gördüm. Böyledir göçmenlikte hayat: Hayat size balkabağı veriyorsa, en iyisi ondan kabak tatlısı yapmak.

TÜRKİYE'NİN DÜNYADA İZ BIRAKMIŞ BEYİN GURBETÇİLERİ

Türkiye'den dünyanın dört bir yanına, özellikle de Batı'nın gelişmiş ekonomilerine göçmüş ve dünyada iz bırakmış binlerce beyin gurbetçisi var. Bir yandan onlarla gurur duyuyoruz, bir yandan da, "Ne olsaydı ülkede kalmayı seçerlerdi?" diye düşünmekten kendimizi alamıyoruz. Türkiye'nin yeni nesil göç hareketi kapsamında özellikle beyin göçünü referans alan bu çalışmada bu insanlardan bahsetmezsem olmazdı. Birkaçına bu sayfalarda yer vermek isterim:

Prof. Dr. Aziz Sancar: 2015 Nobel Kimya Ödülü sahibi. DNA Onarım Mekanizması'nı keşfederek hücrelerin DNA hasarını nasıl onardığını ve genetik bilgiyi nasıl koruduğunu açıklayan biliminsanımız.

Prof. Dr. Murat Günel: "Yeni Gazi Yaşargil" denilen Günel, beyin cerrahı Prof. Dr. Gazi Yaşargil'den sonra beyin ve damar cerrahisinde dünyada isim yapan ikinci Türk hekim olarak biliniyor. Günel, başında olduğu laboratuvarda beyin ve damar hastalıkları, moleküler biyoloji ve genetiği üzerine araştırmalar yürütüyor, Yale Üniversitesi'nde bölüm başkanlığı yapıyor.

Prof. Dr. Feryal Özel: NASA'nın en başarılı astrofizikçilerinden. Einstein'ın aralarında bulunduğu 20 dehadan oluşan Büyük Fikirler Listesi'nde yer alıyor.

Ayşem Sunal: Belçika Kraliyet Başdansçısı. Ankara Devlet Balesi'yle gittiği Japonya'daki bir yarışmada Anvers Kraliyet Balesi Müdürü Robert Denvers'ın dikkatini çekmesi ve Belçika'ya davet edilmesi üzerine ülkeye yerleşti ve kariyerine hâlâ orada devam ediyor.

Prof. Dr. Utkan Demirci: Biyoteknoloji alanında Stanford'da çalışmalar sürdürüyor. Kanseri erken teşhis eden cihaz, erkek kısırlığına mikroçipli çözüm, kanserin teşhisinde cep telefonuyla uyumlu test gibi dünyanın dikkatini çeken birçok önemli çalışmaya imza atıyor.

Prof. Dr. Ali Erdemir: Nano teknoloji kullanarak geliştirdiği yapay elmas özelliği taşıyan buluşuyla, uygulamalı bilimin Nobel'i R&D Ödülü'ne dört kez layık görüldü. 1987 yılından beri ABD'nin Chicago kenti yakınlarında bulunan Argon laboratuvarlarında araştırmalarını sürdürüyor.

Doç. Dr. Mete Atatüre: İngiltere Cambridge Üniversitesi'nde kuantum fiziğinde imkânsız olarak gösterilen kuantum fiziğinde o güne dek başarılamamış bir şeyi yaptı, sıkıştırılmış ışık kavramını bir foton düzeyinde gözlemeyi başardı.

Prof. Dr. Vamık Volkan: ABD'de yaşayan ünlü psikanalist. Yaptığı çalışmalarla psikiyatri alanında dünyanın en prestijli ödülü sayılan Mary Sigourney Psikanaliz Ödülü'nü, Sigmund Freud ve En İyi Eğitmen ödüllerini kazandı.

Prof. Dr. Aydoğan Özcan: Akıllı telefonları sofistike mikroskoplara dönüştürebilen kolay taşınabilir bir cihaz geliştirdi. ABD Başkanı Barack Obama tarafından 2011'de Genç Biliminsanları ve Mühendisler Başkanlık Kariyer Ödülü'yle onurlandırıldı.

Doç. Dr. Çağan Şekercioğlu: *National Geographic*'in ilk ve tek Türk kâşifi. ABD'de doğabilimleri üzerine çalışmalarına devam ediyor.

Dr. Canan Dağdeviren: Harvard Üniversitesi'nin genç akademi üyeliğine (Junior Fellow of Harvard) seçilen ilk Türk. Giyilebilir kalp pili icadıyla birçok ödüle layık görüldü ve MIT'den profesörlük teklifi aldı.

Prof. Dr. Gökhan Hotamışlıgil: Harvard Üniversitesi'nde Genetik ve Kompleks Hastalıklar Bölüm Başkanlığı yapmış olan Hotamışlıgil, Harvard'da kurulan Sabri Ülker Center/Hotamışlıgil Laboratuvarı'nın başkanlığını yürütüyor. Obezite, şeker ve kalp hastalıklarıyla ilgili kendisine patent kazandırmış çalışmaları var. Bu çalışmayı yaparken kendisiyle görüşüp sordum: Ne olsaydı ABD'ye göçmez ve çalışmalarınıza Türkiye'de devam ederdiniz?

> Benim ABD'ye göçtüğüm yıllarda biomedikal bilimlerde müthiş bir hareket ve heyecanlı gelişmelerle bir dönüşüm gerçekleşiyordu. Ben hem klinik hem de araştırmayla ilgileniyordum ve bu iki yolda ilerleyebilme olasılıkları çok kısıtlıydı, temel bilimlere yaklaşım olumlu değildi. Tıp eğitimi çok başarılı olmasına rağmen sistem çok hiyerarşikti ve genç biliminsanlarının önünü açan yapıda değildi. Son olarak da sistemin altyapısı, araştırma geleneği ve mevcut fonlama sistemi anlamlı ve katkı yapıcı çalışmaları destekleyici nitelikte değildi. Bu nedenleri o zaman için gitmemize katkıda bulunan sebepler olarak sayabilirim. Bugün bu konuların bazıları aşıldı ama yerlerini yeni problemler aldı.

Sevgili Gökhan Hoca'ya bir gün Türkiye'ye dönüp dönmeyeceğini de sordum:

> Bir gün Türkiye'ye dönmeyi çok arzu ediyorum. Buradaki genç kuşak biliminsanlarıyla beraber çalışmak, o heyecan ve enerjiyi yönlendirip destekleyecek bir katkıda bulunmak ve ileri düzey araştırmalar yapacak bir organizasyon yaratmak hayalim hiç bitmeden sürüyor. Türkiye'nin önemli ölçüde bir akademik reform gerçekleştirmesini hayati bir gereksinim olarak görüyorum ve buna katkıda bulunmak isterim.

Prof. Dr. Murat Tarımcılar: George Washington Üniversitesi'nde Yönetim Bilimleri profesörüdür. "İş Etiği" ve "Kurumsal Sosyal

Sorumluluk" derslerinin müfredata "zorunlu ders" olarak eklenmesine büyük katkı sağlamıştır. Institute for Corporate Sustainability (Kurumsal Sürdürülebilirlik Enstitüsü) adlı merkezin kurucuları arasındadır. Bu çalışmayı yaparken kendisiyle görüştüğüm Tarımcılar'a sordum: Ne olsaydı ABD'ye göçmez ve çalışmalarınıza Türkiye'de devam ederdiniz?

> Türkiye'den 1980 İhtilali sonrası ayrıldım. 2017'de yeniden ülkeye döndüğümde Türkiye'de bulunduğum üniversitede istediğim vizyonu oturtabileceğime inansaydım kalırdım. Ancak onun mümkün olmadığını gördüm. Üniversitelerin özerkliği konusunda çok yazılıp çizildi, özellikle Boğaziçi rektör atamasından sonra. Hakikaten akademinin olmazsa olmazı özerklik, sınırsız düşünce özgürlüğü, kuruma saygı.

Murat Tarımcılar'a bir gün Türkiye'ye dönüp dönmeyeceğini de sorduğumda verdiği yanıt dikkate değerdi:

> Düzeni buradan değiştirmeye çalışmak sanki daha verimli olacak.

Prof. Dr. Refik Soyer: George Washington Üniversitesi'nde (GW) karar bilimleri ve istatistik profesörüdür. İş analitiğinde Mitch Blaser seçkin bilginidir. Ayrıca GW'de Karar Bilimlerinde İstatistikleri Entegre Etme Enstitüsü (Institute for Integrating Statistics in Decision Sciences) müdürü olarak görev yapmaktadır. Bu çalışmayı yaparken kendisiyle görüştüğüm Soyer'e sordum: Ne olsaydı ABD'ye göçmez ve çalışmalarınıza Türkiye'de devam ederdiniz?

> Akademik açıdan üniversite özerkliği olsaydı ve üniversite öğretim üyesi olarak İstanbul veya Ankara'da geçim derdi olmadan bir yaşam sürdürme ihtimali bulunsaydı Türkiye'de devam etmeyi düşünebilirdim. Ayrıca akademik bir yaşamı devam ettirecek gerekli araştırma, seyahat gibi desteklerin de sağlanması bir önkoşul olurdu. Politik

açıdan Türkiye'deki özgürlük ortamının uygun olması da bu kararda önemli bir etken olurdu.

Elbette "Bir gün Türkiye'ye dönecek misiniz?" sorusunu Prof. Soyer'e de sordum. Soyer, önümüzdeki 10 sene içinde Türkiye'ye dönmeyi düşünmediğini ifade etti.

GERİ DÖNÜŞ MİTİ

Türkiye'nin yeni nesil göç hareketiyle ilgili olarak hem bu kitabın konusu olan araştırmada hem de uzun yıllardır yaptığım gözlemlerde fark ettiğim bir durum var. Göçün ilk döneminde ülkeden gidenlerin bir kısmı anavatandaki evlerini tamamen kapatmıyorlar. Benim göç hikâyemde başlangıcın böyle olmasını istemedim. İstanbul'daki evimi tamamen kapattım, eşyalarımın önemli kısmını ihtiyaç sahiplerine dağıttım, en değerli hazinem kitaplarımı baba evine yolladım ve bavullarımla göçtüm. Yeni ülkede, yeni evde, yeni eşyalarla, yeni bir düzene başlamanın daha anlamlı olacağını düşündüm. Buna köprüleri yakmak da diyebilirsiniz. Memlekette bir ev, yeni ülkedeki yaşantıma adaptasyonumu zorlaştıracaktı ve her an geri dönebileceğim, eskiyi yaşatan bir ev olmasını istemedim. Tabii o yıllarda yılda üç-dört kez Türkiye'deki işlerimi takip etmek amacıyla memlekete geleceğimi varsayıyordum. Biz gelecek için planlar yaparken Tanrı'nın yukarıdan bize güldüğü gerçeğini atlamıştım.

Bir sabah, telefonun alarmıyla uyandım. Gözlerimi çok zor açabiliyordum. Yatağa adeta mıhlanmıştım. Son yıllarda sık yaptığım gibi başımı zorlukla sağa çevirdim ve gözlerim pencereyi aradı. Pencerenin biçimi ve perdeler tam olarak nerede olduğumu anlatan işaretlerdi. Perde sevmem. O kalın, ışık geçirmez, sıkıcı kumaş parçaları varsa oteldeyimdir. Perdeleri gördüm. Oteldeydim. Bir süredir böyle yaşıyordum. Kanada-Türkiye arasında o kadar sık seyahat ediyordum ki, artık sabahları gözümü açtığımda nerede olduğumun ayrımına varmam gitgide güçleşmeye başlamıştı. Her seyahatimde Türkiye'de iki hafta kalıyordum ve bunun bir haftası ağır bir *jetlag* ile geçiyordu. 10 saatlik uçuşlarım sonrasında ortaya çıkan, vücudumun biyolojik saati ile memleketin yerel saatinin uyuşmaması nedeniyle yaşanan bir rahatsızlık olan *jetlag* artık hayatımın bir parçasıydı. Yine de yaşantım mazeret kabul etmiyordu; bir an evvel o yataktan kendimi kaldırıp, hazırlanıp günün ilk toplantısına yetişmeliydim. Yetiştim. Yetişmek alametifarikamdı.

Bir yandan aklım ve yüreğim 8.500 kilometre ötede bıraktığım Ali'deydi. Ali 6. sınıftaydı. Kanada'daki ilk yılında bir dolu araştırmalar, ziyaretler, karşılaştırmalar yaparak onun için seçtiğim, onu da ilk kez ziyarete götürdüğümde sevdiği, beğendiği bir okulda öğrenim görüyordu. Toronto'nun üst gelir grubu ailelerinin çocuklarının gittiği bu okulu özellikle seçme nedenim okulun yöneticisinin ve tanıştığım öğretmenlerin yakın ilgisiyle ilk yılında adaptasyon sürecinin kolaylaşması beklentisiydi. Üstelik Ali henüz ergen değildi. Ergenlik öncesi göçen çocukların dile ve kültüre uyumlanma sürecinin daha kolay olduğunu duymuştum. Hem zaten Ali esnek bir çocuktu. Göçmenlik deneyimi öncesi dünyanın çok çeşitli yerlerine birlikte seyahat etmiştik; onlarca farklı kültür tanımıştı. Kolaylıkla uyum sağlayacağına emindim. Tanrı'nın yukarıdan bana güldüğünün yine farkında değildim.

Ali'nin ilk yılı çok zor geçti. Çok yanlış bir okul seçtiğimi anlamanın vicdan azabı, Ali'nin zaman zaman saklayamadığı gözyaşları ve benim olağanüstü çalışma tempom birleşmişti. İlk kez o zaman pes ettim. Ali'nin yatma saatinde, odasında, o dönemki klasik uykuya geçiş sohbetlerimizden birini yaparken ona, "Dönelim," dedim. Ali'nin yanıtı kısa ve netti: Hayır. Kalacağım ve mücadele edeceğim.

Birbirimize sarıldık ve ağladık.

Geri dönüş miti (*myth of return*) kavramı ilk kez Muhammad Anwar tarafından 1970'lerde Londra'daki Pakistanlı göçmenlerle yapılan bir araştırmada kullanılıyor.[1] Klasik diaspora literatüründe "geri dönüş miti" büyük bir öneme sahip. Geri dönüş mitinin göçmenlerin varışlarından itibaren zihinlerine gömülü olduğuna inanılıyor. "Geri dönüş efsanesi" olarak bilinen şey, demografik bir hareketten daha fazlasını ifade ediyor. Sosyolojik ve antropolojik literatürde, neredeyse tüm göçmen toplulukları, anavatanlarıyla bağlantılarını korumak için aynı anda mücadele ederken, geri dönüş fikriyle motive edilmiş insanlar olarak tasvir ediliyor.

Ravenstein evvelce bahsettiğim, 1885'te yazdığı göç kanunlarını 1889'da yenileyerek "Her göç dalgası ters bir göç dalgasıyla dengelenir" biçiminde bir ek yapar. Ravenstein'a göre, her bir göç dalgası, tetikleyici etki göstererek, bir diğer göç dalgası yaratmakta ve bir bölgeden göç edenlerin boşalttığı yerler, başka göçmenler tarafından doldurulmaktadır. Yani ilk göç teorisinde bile yer alan geri dönüş miti, ne yazık ki bugün sadece popülist biçimlerde ele alınıyor ve altı pek de dolu olmayan tersine göç propagandaları yapılıyor.

Elbette zaman içinde göçe zorlayan sebepler göçmen için ortadan kalkabilir ve bu durum anayurda dönüşü kolaylaştıran en önemli motivasyon olabilir. İlerleyen bölümlerde okuyacağınız göçmen hikâyelerinde bu motivasyona dair bulgulara rastlayacaksınız.

1. M. Anwar, *The Myth of Return: Pakistanis in Britain*, Heinemann, Londra, 1979.

DİJİTAL GÖÇMENLİK

Önceki bölümlerde Ravenstein'ın göç kanunları içinde geçen kır-kent yerleşimcileri farkını hatırlayalım: Ravenstein'a göre kentte yerleşik olarak yaşayanlar, kırsal kesimde yerleşik olarak yaşayanlardan daha az göç etme eğilimindedirler. 21. yüzyılda ise kır ve kent yerleşimcilerinin farkı, dijital yerliler ve dijital göçmenler arasındaki farkta karşılığını bulabilir.

Dijital yerli ve dijital göçmen kavramları ilk kez 1990'larda kullanılsa da, 2001 yılında Marc Prensky'nin çalışmalarıyla popüler hale geldi. Prenksy'nin "dijital göçmenler" yaklaşımıyla söz ettiği bireyler dijital bir dünyanın içine doğmayıp sonradan dijital dünyaya adım atan ve bu alanda teknolojiyi daha etkin kullanmaya başlayanlardır. Prensky bu gruba 1980 öncesi doğan bireyleri de dahil eder.

Dijital yerliler, dijital göçmenlerden farklı olarak, internette her zaman yeni bilgilere maruz kaldıklarından yeni bilgileri sezgisel olarak öğrenme eğilimindedirler. Öte yandan göçmenler, çok daha geleneksel bir yaklaşım olan mantıksal öğrenmeye alışmışlardır.

Dijital yerlilerin, dijital göçmenlerden farklı olarak, internete erişimleri daha fazladır ve bu sayede daha çok yeni bilgiye ulaşabilirler. Ayrıca dijital yerliler bilgi edinmek için sadece formel haber kaynaklarına bağımlı değillerdir, onlara sosyal ağlarından da bilgi akışı gerçekleşir. Bu çeşitlilik onların çoklu görev yaklaşımıyla çalışmalarını sağlar. Dijital göçmenlerin ise farklı kaynaklardan gelen bilgiye ulaşmaları daha zordur, haliyle televizyon kanalları ve gazeteler/haber portalları gibi daha geleneksel mecralara güvenirler. Sözel öğrenme imkânları ve sosyal ağ erişimleri kısıtlı olduğu için daha ziyade mantıksal öğrenmeye yaslanan dijital göçmenler, çalışma alanlarında da genellikle tek bir göreve konsantre olmaya alışırlar.

Toplumsal değişimin en önemli tetikleyicilerinden olan "göç" kavramının, teknolojinin mekân anlayışını tümüyle değiştirdiği Dijital Çağ'da yeniden tanımlanması gerektiği aşikâr. Bugün artık göçmenlik salt coğrafi göçle tanımlanabilir bir kavram değil. Göçün artık sadece fiziki mekânla sınırlı olmadığı, sınırların artık sadece ulus devlet tarafından çizilmediği bugünün dünyasında mevcut "dijital göçmenlik" tanımının da ötesine geçilmiş ve göçe yeni bir boyut eklenmiştir: "Sanal göç."

Son 20 yılda hayatımızda yer eden dijital göçmenlik kavramına henüz aşina olmaya başlamışken, pandemi çalışma dünyasında paradigmaları hızla değiştirdi. Göçmenlik dünyasında da. Pandeminin hızlandırdığı dijitalleşme süreci yeni kavramlar, yeni meslekler, yeni çalışma yöntemleri ve yeni sektörler için ilham olurken, yeni bir göçmenlik biçimini de hayatımıza soktu. Özellikle bilişim alanında istihdam edilen ve ofis dışında herhangi bir yerde çalışma olasılıkları artan dijital çalışanlara ilgi arttı. Artık bireyler anayurtlarından ve ülkelerindeki çalışma ortamlarından bir uçağa binmeden göç edebiliyorlar. Dijital sektörlerde çalışan sanal göçmenlere Almanya'dan Norveç'e, Bermuda'dan Çekya'ya dünyanın pek çok farklı ülkesinde çalışma vizeleri veriliyor. Dijital göçmen vizesi bir yandan da kişilere freelance çalıştıkları pandemi döneminde farklı ülkelere seyahat etme imkânı sunuyor.

Gerçek dünyadan sanal dünyaya geçiş, artık dijital çağın yeni göç türü. Bu yeni biçim kuşkusuz ki yepyeni kültürel kodları ve uyumlanmaya dair yepyeni meydan okuyuşları da beraberinde getirmekte. Sanal göçe dair ilerleyen yıllarda daha fazla araştırma yapılmasını umuyorum.

TÜRKİYE'NİN YENİ GÖÇ NESLİ

Türkiye'nin yeni göç nesline dair araştırmamızı 3 Şubat 2020-6 Temmuz 2020 tarihleri arasında 118 ülkenin 728 kentinde, 3.253 katılımcıyla gerçekleştirdik. Bu vesileyle araştırmaya katkı sağlayan tüm göçmen dostlara bir kez daha teşekkürlerimi ifade etmek isterim. Katılımcılarımızın yüzde 71,7'sinin yükseköğrenim mezunu olduğunu özellikle vurgulamak isterim ki yeni nesil göçün maliyetini daha rahat kavrayabilelim.

Katılımcılarımızın yüzde 47,2'si şu anda yaşadıkları ülkeye 2016-2020 yılları arasında yerleşmişti. Yoğunluklu yerleşim yılı ise 2019 olarak kendini göstermekteydi. 2011-2015 yılları arasında göçmen oranımız yüzde 17,2, 2006-2010 arası oranımız yüzde 10,6 ve 2000-2005 yılları arasındaki oranımız ise yüzde 10,3 olarak ortaya çıkmaktaydı. Bu dağılım Türkiye'nin son 20 yılındaki beyin göçü eğilimini ortaya koyan önemli bir bulgu.

Göçmen dostlarımıza Türkiye'den ayrılma kararı vermelerindeki en önemli etkenleri sorduğumuzda ilk iki sırayı ekonomik sebepler ve ülkenin siyasi iklimi alıyor. Hemen ardından iş olanaklarının yetersizliği ve eğitim ve gelişime dair kısıtlamalar geliyor.

Türkiye'den ayrılma kararı vermenizdeki en önemli etkenler nelerdir?

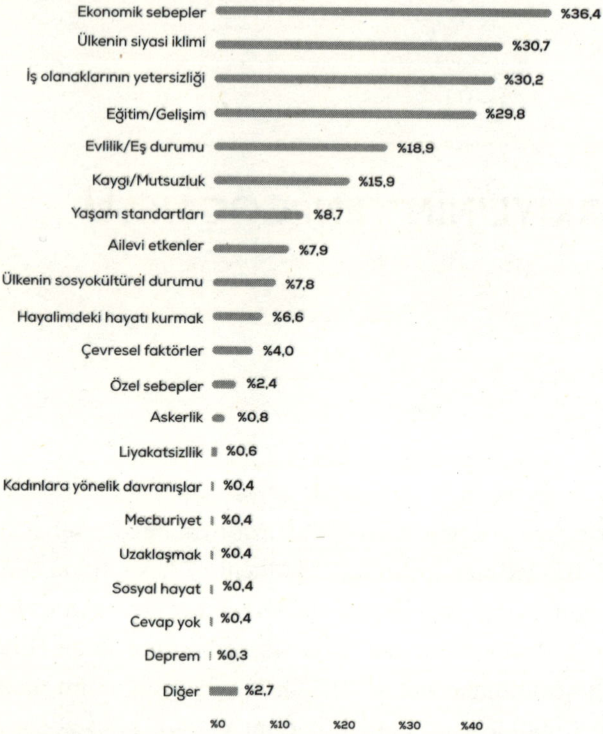

Diğer: Gelişmişlik düzeyi, gençlik, sağlık sistemi, sosyal haklar, bilimsel ve sanatsal çalışmaların az destek bulması, maneviyat, Suriyeliler, ait hissetmemek, gönüllülük esası, vizyonsuzluk, başörtü yasağı, görüş ayrılığı, göstermelik yaşantılar, kader inancı, sosyal devlet ihtiyacı, yolsuzluk, teknolojide dışa kapalılık, zamanı etkin kullanmak, eski Türkiye özlemi, tesadüf, Türkiye'ye yakın olması

Çoklu soru; Oranlar toplamı% 100'ü geçebilir.

Ülkeden göçen katılımcılarımıza halen yaşadıkları ülkede onları mutlu eden şeyleri sorduğumuzda ise ilk sırayı özgürlük, demokrasi ve insan hakları alıyor. Gelişmiş ekonomi ve yüksek kazanç daha sonra geliyor.

Yaşadığınız ülkede sizi mutlu eden şeyler nelerdir?

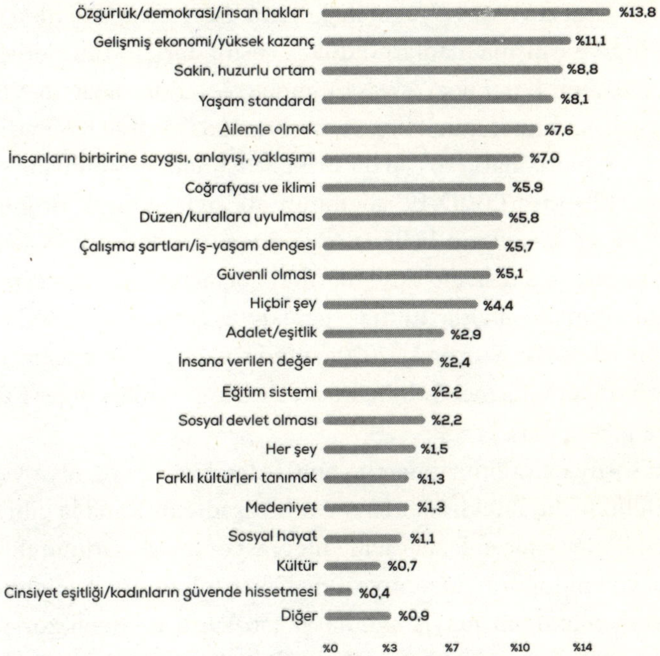

Diğer: Temizlik, aidiyet, dil sorunu olmaması, umut, bisiklet kullanmak, Avrupa Birliği'nde olması, bürokrasi olmaması, mecburiyet, Türk olmak

Buraya kadar bahsettiğim gibi, elbette göçmenin yolu dikensiz bir yol değil. Göçmenlere yaşadıkları ülkede onları mutsuz eden şeyleri de soruyoruz. İlk sırada, hiç de sürpriz olmayan biçimde, memleket hasreti geliyor. Kuşaklardır göç edenin/etmek zorunda kalanın burnunu sızlatan memleket hasreti:

Sen şimdi yalnız saçımın akında
İnfarktında yüreğimin
Alnımın çizgilerindesin memleketim
Memleketim, memleketim...

(Nazım Hikmet, Prag, 8 Nisan 1958)

Göçmenlerin zorlandığı alanlardan biri de sosyal hayat ve insan ilişkileri. Göçmenliğimin beşinci yılında aynı duyguları paylaşıyorum. Sosyal çevrem ve yakın ilişkilerim diğer göçmenlerden oluşuyor. İlgi ve çalışma alanları oldukça çeşitli, farklı kültürlerle kolaylıkla iletişim kurabilen, iş yaşamımda çok farklı ülkelerde ve ülkelerle çalışan biri olarak halen "beyaz Kanadalı" diye tabir edilen, doğuştan Kanadalılarla sosyal bir ilişki geliştirememiş olmama şaşırıyorum. Elbette COVID-19 salgınının etkisiyle günlük rutinlerin bozulması ve koşulların belirsizleşmesi sonucu depresyon, keder, korku, panik ve anksiyete duygularının göçmenlerde daha sert yaşanabileceğini de akılda tutmak gerekiyor. Statistics Canada'nın (Kanada İstatistik Kurumu) 2020 yılında yaptığı bir araştırmaya göre son dönem göçmenlerinin anksiyete semptomları diğer Kanadalılara göre daha yüksek.[1]

Bu soruya aldığımız önemli yanıtlardan biri de coğrafya ve iklim. Özellikle ılıman iklimlerden benim yaşadığım Kanada gibi çok soğuk iklimlere göçen kişiler için entegrasyonun ilk şartının iklime adaptasyon olduğunu düşünüyorum. Göçmenliğimin ilk yılında ilk kez deneyimlediğim mayıs ayında yağan karın ne denli zorlayıcı olduğunu tarif edemem. 2007 yılında, Statistics Canada'nın yaptığı bir göçmenlik araştırmasında, yeni göçenlere ülkeyle ilgili en sevmedikleri şey sorulduğunda yüzde 27 ile iklim ilk sırada geliyor. İklim değişikliği ile uyum kabiliyeti arasındaki ilişkiye dikkat çeken pek çok araştırma mevcut. Köken ülke ve göç edilen ülke arasındaki iklim farklılıklarının insan sağlığı üzerindeki etkisini araştıran Eran Shor ve David Roelfs ilginç bir bulguyla karşılaşıyorlar.[2] 12 hedef ülkede 70 farklı ülkeden gelen göçmenlerle yapılan araştırmada, daha sıcaktan daha soğuk bir iklime geçenlerin yerli nüfusa kıyasla daha yüksek kardiyovasküler ölüm oranlarına sahip oldukları görülmüş.

1. Statistics Canada, 2020B, "Canadians' mental health during the COVID-19 pandemic", *The Daily*, 27 Mayıs 2020. Statistics Canada Catalogue no. 11-001-X.

2. E. Shor, D. Roelfs, "Climate Shock: Moving to colder climates and immigrant mortality", *Social Science & Medicine*, Cilt 235, 2019.

Yaşadığınız ülkede sizi mutsuz eden şeyler nelerdir?

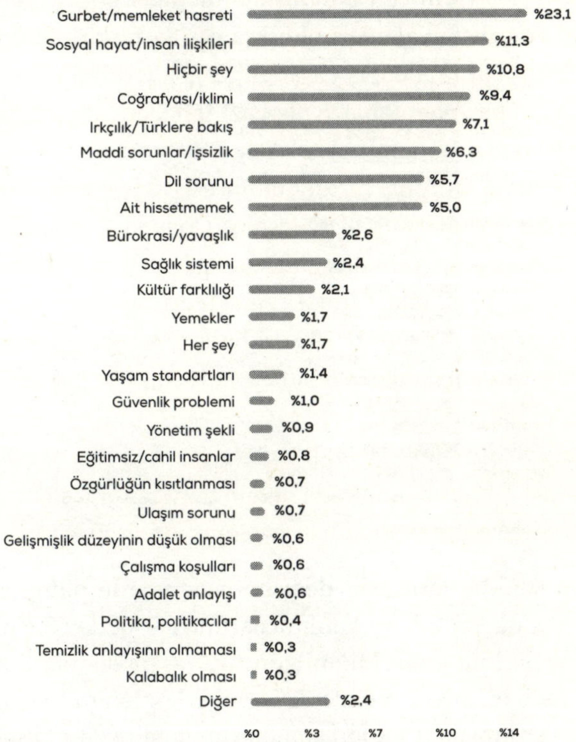

Diğer: Türkiye'ye benzemesi, düzensizlik, hizmet sektörünün zayıf olması, savaş, Türkiye'deki insanlara üzülmek, virüs, aşırı geleneksellik, belirsizlik, stres, alkol olmaması, eğitim sistemi, yeni hayata başlamak, cinsiyet ayrımı, fazla özgürlük, hayvan haklarının öneminin kavranmaması, yolsuzluk, yeterli zaman bulamamak

Göçmenlerle ilgili merak edilen konulardan biri de yaşam standartlarındaki değişimin ne yönde olduğudur. Gelişmekte olan bir ekonomiden gelişmiş bir ekonomiye giden göçmenin, köken ülkedeki kariyeri veya eğitiminden daha alt seviyede bir iş yapsa dahi gelirinin arttığına dair çeşitli hikâyeleri eminim siz de duymuşsunuzdur. Bu hikâyelerin altı boş değil. Para birimimizin gitgide eriyen satın alma gücüne baktığımızda durum daha da anlaşılır oluyor. Örneğin AB ülkeleri ve Türkiye'nin euro bazındaki asgari ücret kıyaslamalarını incelediğimizde tablo net bir şekilde kendini gösteriyor:

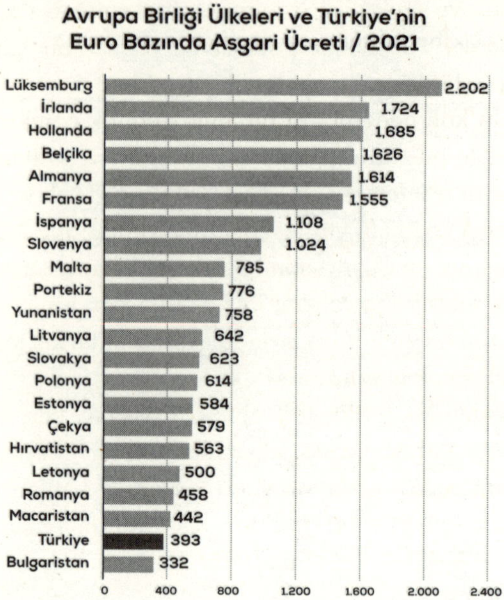

Kaynak: Eurostat Minimum Wage Statistics 2021.

Yaşam standartlarındaki değişimin ne yönde olduğunu katılımcılarımıza da sorduk ve katılımcılarımızın yüzde 68,9'unun yaşam standartlarının yükseldiğini gördük. Yaşam standardının yükseldiğini ifade edenlerin yüzde 72'si yükseköğrenim mezunu. Göç edilen kentler arasında yaşam standardının en fazla yükseldiği lokasyon ise Dubai.

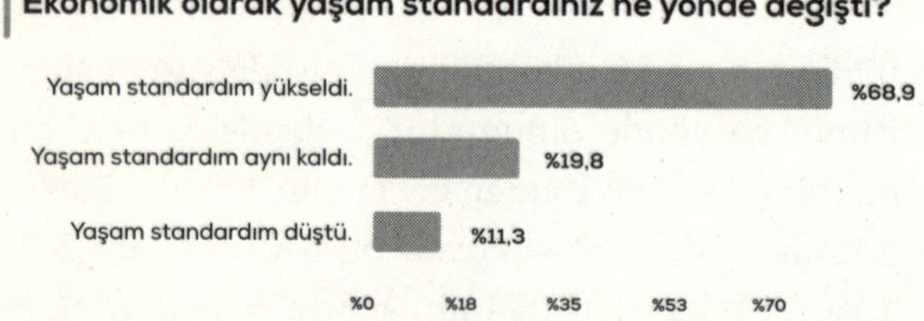

Türkiye'de yüksek dereceler alıp geri dönmemek üzere yurtdışına giden ve bu ülkelerde garsonluk ve benzeri işlerde çalışan göçmenlerin sayısının da azımsanamayacak kadar çok olduğunu biliyoruz. Bizim araştırmamızda da bu şekilde yaşayan göçmen dostlarımızla karşılaştık ve söyleştik. Sorulması gereken soru şu: Neden iyi eğitimli göçmenler Türkiye'de potansiyeli yüksek bir kariyerdense Batı'da vasıfsız işlerde çalışmayı tercih ediyorlar?

Bu seçimin kök nedenlerini iyi analiz etmek gerekir. Örneğin, ülkede üniversite mezunu genç işsiz sayısının 1,1 milyona erişmiş olduğu gerçeğini irdelemekle işe başlayabiliriz. Türkiye'nin 71.584 üniversiteli genci ve 24.607 profesyoneliyle yaptığımız 2021 Universum araştırmasının en çarpıcı sonuçlarından birinin Türkiye'nin 59 muteber üniversitesinden çalışmamıza katılan on binlerce öğrencinin yüzde 60'ının mezun olduklarında iş bulacaklarına inanmaması olduğunu paylaşmak isterim.

Bu umutsuzluğu tetikleyen pek çok sistem sorunu olduğu aşikâr. Ancak yine araştırmada, liyakatla ilgili kaygıların bu inançsızlıktaki payını açıkça görüyoruz. Araştırmaya katılan üniversite öğrencilerinin yüzde 51'i Türkiye'de iş yaşamında liyakat (işi layık olanın yapması) kültürünün olmadığını düşünüyor; yüzde 23'ü ise bundan emin değil.

Profesyonellerde artık iş bulma kaygısı ortadan kalkmış olduğuna göre yaşamlarında daha az belirsizlik kaynaklı mutsuzluğun olduğunu varsayabiliriz. Ancak durum pek de öyle görünmüyor. Araştırmamıza katılan 24.607 profesyonelin sadece yüzde 55'i pazartesileri işe enerjik başladığını söylüyor. Çalışanların iş yaşamındaki liyakatla ilgili kaygılarının bu verimlilik kaybında etkisi gözardı edilemez. Araştırmaya katılan profesyonellerin yüzde 60'ı Türkiye'de iş yaşamında liyakat kültürünün olmadığını düşünüyor; yüzde 22'si ise bundan emin değil. Nepotizmle mücadele, ülkemizin her kurumunda yetenek yönetiminin en büyük mücadele alanı olarak bir kez daha karşımıza çıkıyor.

Araştırmada karşımıza çıkan bir diğer kritik bulgu ise kadınların ve erkeklerin göç ettikleri yeni ülkelerindeki motivasyonları arasındaki farklar. Kadınları yaşadıkları yerde mutlu eden şeyler daha çok özgürlük, demokrasi, insan haklarıyken erkekleri yeni yerleşim yerlerindeki gelişmiş ekonomi ve yüksek kazanç motive ediyor. Kadınlara benzer şekilde, yüksek lisans ve doktora derecesi olan göçmenleri de gittikleri yerde en çok memnun eden kazanımlar özgürlük, demokrasi ve insan hakları.

Bu bulguların ışığında, ülkemizdeki demokrasi göstergelerinin kuşaklar boyunca değişimini gözden geçirmeden olmaz. Gothenburg Üniversitesi V-Dem Enstitüsü tarafından yayımlanan "2021 Demokrasi Raporu"ndaki karnemizi inceleyelim:

1955-2020 arasında Türkiye'nin demokrasi göstergelerinin değişimi[1]

Türkiye'de Akademik ve Kültürel İfade Özgürlüğü

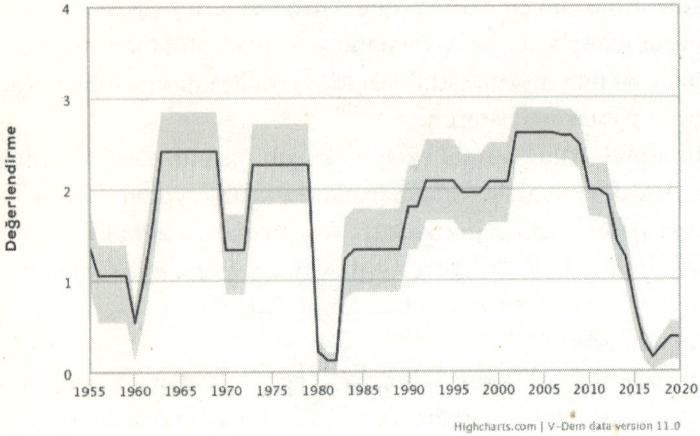

Türkiye'de Basın ve Yayın Özgürlüğü

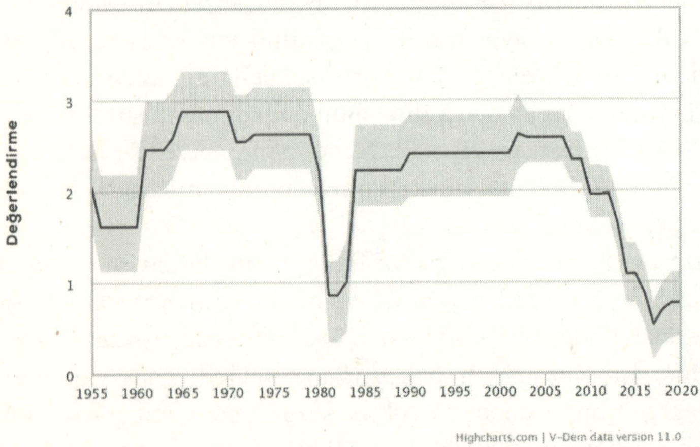

1. N. Alizada, *Autocratization Turns Viral. Democracy Report 2021*, University of Gothenburg: V-Dem Institute, 2021.

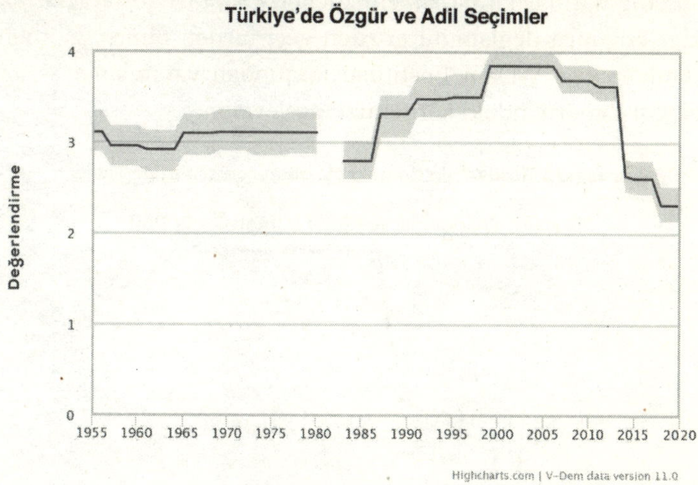
Türkiye'de Özgür ve Adil Seçimler
Değerlendirme
4
3
2
1
0
1955 1960 1965 1970 1975 1980 1985 1990 1995 2000 2005 2010 2015 2020
Highcharts.com | V-Dem data version 11.0

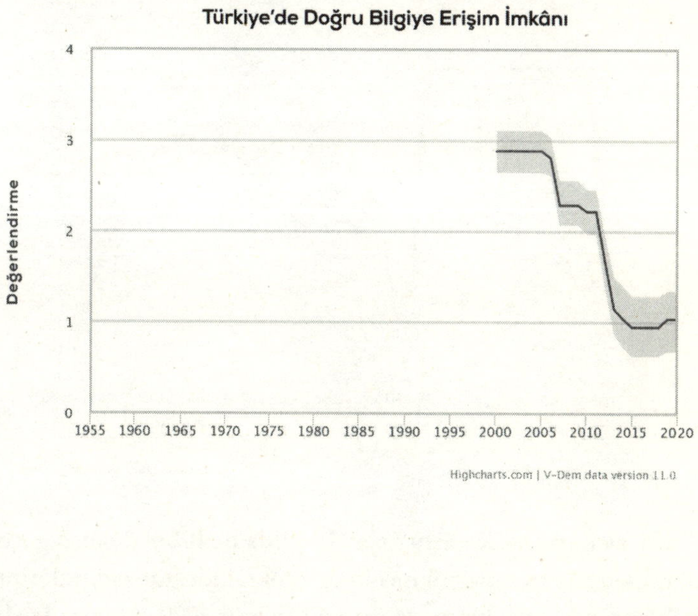
Türkiye'de Doğru Bilgiye Erişim İmkânı
Değerlendirme
4
3
2
1
0
1955 1960 1965 1970 1975 1980 1985 1990 1995 2000 2005 2010 2015 2020
Highcharts.com | V-Dem data version 11.0

Türkiye'de Farklı Fikirlere Saygı

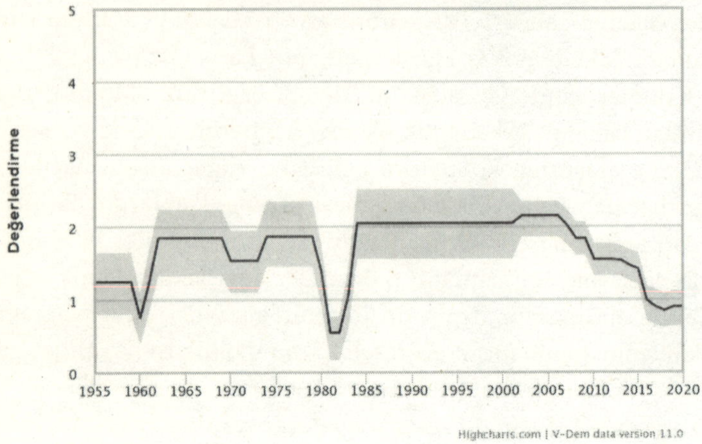

Türkiye'de STK'ların Çalışma Özgürlüğü

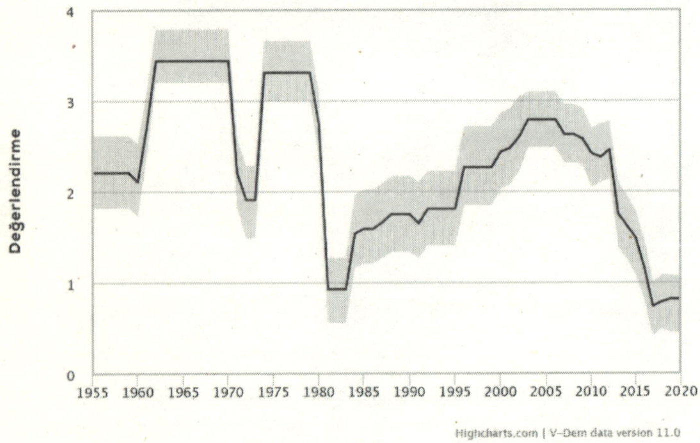

"2021 Demokrasi Raporu" son 10 yılda hızlı bir düşüşe geçen demokratikleşme trendlerini inceliyor, otokratikleşme eğilimlerinin hızlandığına dikkat çekiyor ve bu eğilimlerin 2020 yılında da devam ettiğini belgeler ve veriler ışığında açıklıyor. Tabloda görüldüğü gibi yeni nesil göçün hızlandığı süreçte sivil toplum kuruluşlarına baskı, akademik ve kültürel ifade özgürlüğü, özgür ve adil seçimler, medya sansürü, dezenformasyon ve farklı fikirlere saygı başlıklarındaki demokrasi göstergelerinde karnemiz iyi değil.

Kriterler içinde yer alan "akademik özgürlük" ölçeğine daha yakından bakalım. Akademik özgürlük öğretim üyeleri ve araştırmacıların, araştırma konularını belirleme, diğer araştırmacılar ve öğrenciler ile eleştirel fikir tartışması yapma, kanıta dayalı olarak yapılan araştırma çıktılarını araştırmacılar, öğrenciler ve kamuoyuyla paylaşma özgürlüğüdür. Bir diğer deyişle, akademik özgürlük bilimsel üretimin, özgür düşüncenin garantisi, yükseköğretimde kalitenin teminatıdır. Küresel Kamu Politikası Enstitüsü'nün (GPPI) "Akademik Özgürlük Endeksi Raporu"na göre ülkemiz 144 ülke arasında 135. sırada yer alarak akademik özgürlük endeksinin dünyada en kötü olduğu ilk 10 ülke arasında yer aldı.

Türkiye'nin Akademik Özgürlük Endeksi[1]

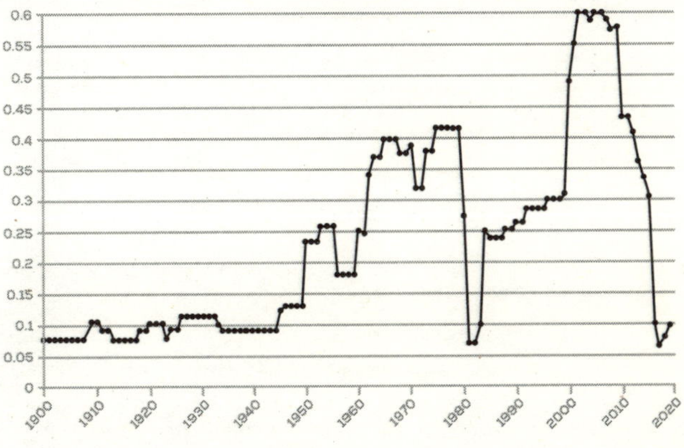

Türkiye'de birçok konuda kötüye gidişat gözlense de, bu verileri görmek duygularımızdan çok mantığımıza hitap eder. Oysa özlemek, verilere bağlı değil ve göçmen olmak, hasreti daima kalbinin üzerindeki bir cepte taşımak demek. Hal böyle olunca, elbette o soruyu sormadan edemezdik: Memlekette en çok neyi özlüyorsunuz? El-

1. https://www.gppi.net/media/KinzelbachEtAl_2020_Free_Universities.pdf

bette ilk sırada yarıya yakın bir oranda aile ve arkadaşlar geliyor. "İnsanın acısını insan alır," der Şükrü Erbaş. Tam da bu sebeple ikinci sırada "insanlar" yer alıyor. Şaşırtıcı değil ki, burada da coğrafya ve iklim karşımıza çıkıyor. Öyle bir cennet vatan ki bizimki, doğal güzelliklerini hunharca katletmemize rağmen, doğası ve iklimi bir hayalet gibi bizi takip ediyor.

Türkiye'de en çok neyi özlüyorsunuz?

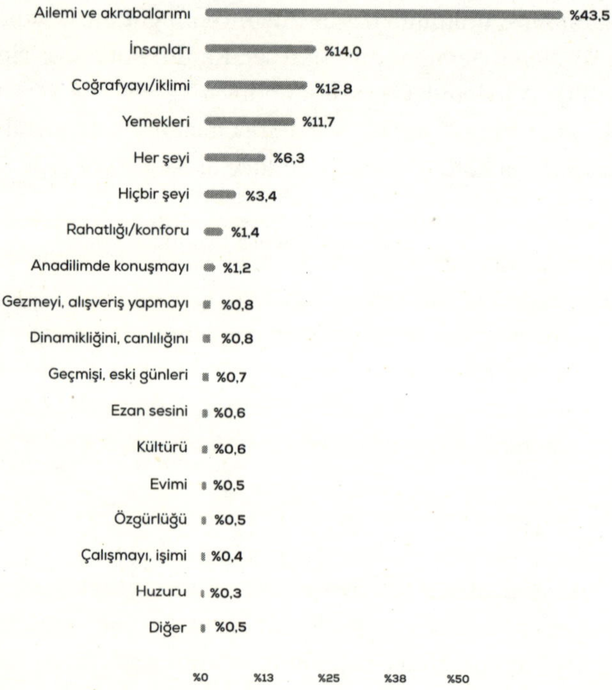

Diğer: Ben olmayı, adaleti, gelenek ve görenekleri, saygı ve değer görmeyi, martıları ve sokak kedilerini, Mustafa Kemal Atatürk'ün getirmiş olduğu düzeni, Recep Tayyip Erdoğan'ı, Türklüğü

Hasrete, yalnızlaşmaya, iklime uyumlanamamaya, bir de pandemi şartlarına rağmen, araştırmayı yaptığımız dönemdeki duygu durumlarını soruyoruz Türkiye'nin yeni nesil göçmenlerine. Yüzde 66,1'i huzurluyum diye yanıt veriyor. Göçmenin huzurunu korumak için taktiği şudur: Ülkesinden ayrılma nedenini her sabah kendisine hatırlatmak.

Şu anki duygu durumunuzu nasıl ifade edersiniz?

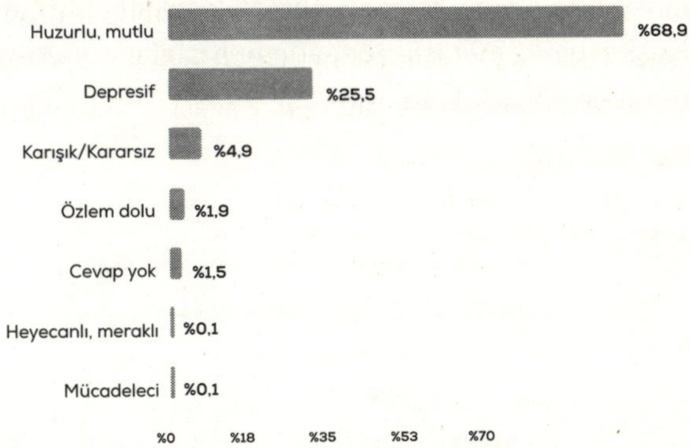

Peki çoğunluğu gittiği ülkede huzurlu, mutlu olan yeni nesil göçmenler bir gün Türkiye'ye dönmeyi düşünüyorlar mı? Bu soruya katılımcılarımızın yüzde 42,1'i evet yanıtını veriyor. Dikkat çekici olan yüzde 39,7'nin kararsızlığı. Belli ki epey yoğun oranda kararsızlık içeren bir gidiş ve kalış bu. Bu bağlamda, kadınlar ve erkekler arasındaki geri dönüş motivasyonu farklılıklarını gözden geçirdiğimizde, kadınların çoğunluğunun Türkiye'ye dönmek konusunda kararsız olduğunu görüyoruz; erkek göçmenlerde dönüş motivasyonu daha fazla.

Bu durumda, bize şu soruyu sormak düşüyor: Hangi koşullar değişirse Türkiye'ye dönmeyi düşünürsünüz?

Katılımcılarımızın ilk sıradaki yanıtı siyasi koşulların değişmesi. Hemen ardından gelen koşul ise ekonomik şartların değişmesi. Türkiye'nin politik ve ekonomik ikliminin göçün en önemli tetikleyicisi olduğunu kavramak için elbette kapsamlı bir araştırma yapmamıza gerek yoktu; ancak bu koşulların yeni nesil göçmenler üzerinde yarattığı duygu durumunu sonraki bölümde onların ağzından okuyacaksınız.

Araştırmanın bu bölümündeki kritik bulgulardan birinin de koşulların değişeceğine olan inançsızlık olduğunu düşünüyorum. Türkiye'yi uzaktan izleyen yeni nesil göçmenlerin bir kısmı umutsuzluğa teslim olmuş durumda. Peki bu gençler neden bu denli umutsuz? 2020 yılında Türkiye'de 72 bin üniversiteli gençle yaptığımız araştırmada üniversite öğrencilerinin yüzde 42'sinin, genç çalışanların ise yüzde 52'sinin yaşamlarının çok stresli olduğunu söylemişlerdi. Kuşkusuz ki yüksek düzeyde belirsizliğin yarattığı kaygı umutsuzluğun en önemli kaynağı.

Hangi koşullar değişirse Türkiye'ye geri dönmeyi düşünürsünüz?

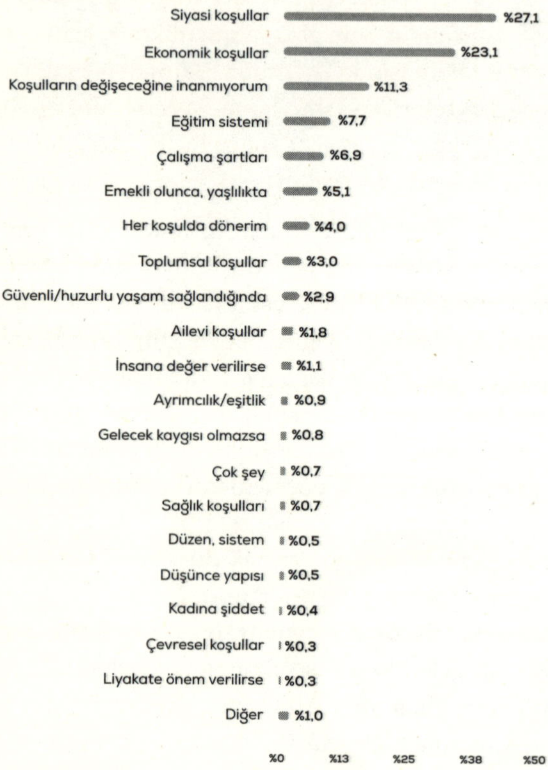

Diğer: Görev süresi bitince, hedeflere ulaşınca, yalnız kalırsam, Avrupa Birliği'ne girilirse, 600 yıllık tarih, deniz olan sıcak bölgede yaşarsam, deprem olmazsa, inovasyona değer verilirse, mecburiyet, vatandaşlığı alınca, yabancılar sınır dışı edilirse, yorulduğum zaman

Kişisel göçmenlik deneyimimde kendime en sık sorduğum sorulardan biri şu oldu: Yaşadığım tüm deneyimleri dikkate alarak, bugün tekrar karar verme şansım olsaydı, Türkiye'den göç eder miydim? Bu soruyu katılımcılarımıza da sorduk. Yeni nesil göçmenlerin neredeyse yüzde 70'i soruya evet yanıtını verdi. Genç olmayan bir göçmen olarak bu soruya hayır yanıtını veren benimle aralarında bir kuşak farklılığı var bu gençlerin. Elbette onların içine doğduğu ve büyüdüğü Türkiye benimkinden çok farklı. 20-24 yaş arası işsizliğin yüzde 26,7'ye[1] tırmandığı bir ülkeden göçtü onlar. Bugün olsa bugün de göçerdim diyen gençlerin ekseriyetle İstanbul kentinden gittiğini de hesaba katalım ve İstanbul izlenimlerine bakalım.

Türkiye İstanbul'dan ibaret değil ama Türkiye'nin yaşadığı değişimi en iyi anlatan İstanbul, sera gazı salımı miktarıyla ülke sıralamasında 1., dünya sıralamasında 26. sırada. İklim değişikliği açısından Avrupa'da en yüksek riske sahip liman kenti. İstanbul, dünyada en fazla trafik sıkışıklığı yaşayan 9. şehir. Trafik sıkışıklığı endeksine göre 416 şehir arasında 9. sırada yer alıyor. İstanbul'da kişi başına düşen yeşil alan 2,67 metrekare. Bu oran Toronto'da 13, Berlin'de 14, Londra'da 33, Stockholm'de 40 metrekare. 690 kilometre kıyı uzunluğu bulunan İstanbul'da kıyıların yüzde 40'ı erişilemez durumda ve nüfusun yüzde 70'i deprem bölgesinde yaşamakta.[2]

Bugün tekrar karar verme şansınız olsaydı, Türkiye'den göç eder miydiniz?

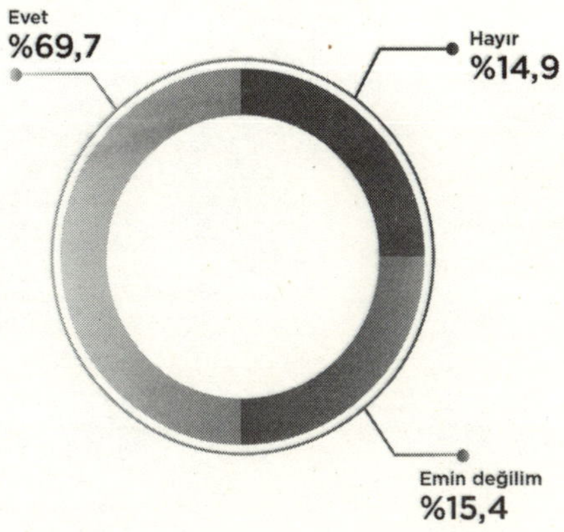

1. *İş Gücü Piyasası*, İstanbul Büyükşehir Belediyesi İstanbul Planlama Ajansı, Mart 2021.
2. "İstanbul Kentsel Analiz Raporu", İstanbul Büyükşehir Belediyesi İstanbul Planlama Ajansı Vizyon 2050 Ofisi, Eylül 2020.

GÖÇEN GENÇLERİN HİKÂYELERİ[1]

Sema'nın Ho Chi Minh Hikâyesi

1986 doğumluyum. 2016 yılında Vietnam'a yerleştim. Türkiye'de bir fen lisesinde İngilizce öğretmeni olarak çalışıyordum. Batı ülkelerine göçmeyi düşünürken, üstelik Asya'yla ilgili pek de bir fikrim yokken Vietnam'da öğretmenlik yapma fırsatıyla karşılaşınca kendimi bir hafta içinde burada buldum. Vietnam'da mutluyum. Profesyonel olarak tatmin olmamın ötesinde bir kadın olarak da burada kendimi Türkiye'de hissettiğimden daha farklı, daha rahat hissediyorum. Buraya geldikten sonra bütün Asya'yı gezdim ve artık dünyanın herhangi bir ülkesinde yaşayabileceğimi düşünüyorum. Buradaki kültürel zenginlik beni mutlu ediyor. En çok yemekleri, doğayı, yeşili ve ağaçları seviyorum. Ağaçları seven, ağaç diken, sevimli insanları var Vietnam'ın. Büyük ülkenin küçük insanları; çok sevecen ve mütevazılar. Artık benim için ev Vietnam.

Özlemlerim yok mu? Elbette var. Ailemi özlüyorum. Rakı-balığı özlüyorum. Burada yaşayan Türk sayısı çok az. Daha fazla olsaydı, dayanışma olur muydu emin değilim. Dayanışma nedir ki?

1. Katılımcıların gerçek isimleri değiştirilmiştir.

Türkiye'den ayrılma kararı almamda tetiği çeken faktörü bir gün İzmir'de bir tren yolculuğunda yaşadım. Artık çok farklı yüzler görmeye başladığımı fark ettim. Son 10 senede İzmir de çok değişti. Kıyafetlerimiz bile sorun olmaya başlamıştı. Vietnam'da gece saatlerinde şortumla, motorumla gezebiliyorum ve kimse rahatsız etmiyor. Bir kadın olarak Türkiye'deki son yıllarımda, artık İzmir'de bile rahat değildim ve sadece özgür olmak istiyordum. Tek istediğim Türkiye'den çıkmaktı ve bunun için çok yatırım yaptım. Burada çok bunaldığım zamanlar olsa da Türkiye'ye dönmeyi hiç düşünmedim.

Ben bir göçmen miyim, bilmiyorum. Ya da gurbetçi miyim? Hayır, sanırım değilim. Ben Türk'üm. Bayramda kolonyamı, şekerimi, baklavamı alıyorum. Çevremdekilere ritüellerimizi anlatıyorum; Türk yemekleri yapıyorum. Türk kültürünü, Atatürk'ü anlatmak çok hoşuma gidiyor. Bununla gurur duyuyorum; ama artık kendimi Türkiye'de bir yabancı gibi hissediyorum.

Burçak'ın Montreal Hikâyesi

1990 doğumluyum. 2015'te Montreal'e yerleştim ve doktora yapmaya başladım. Ben Kanada'ya yerleştiğimi sanırken, anladım ki Quebec Kanada değilmiş; başka bir yermiş. Çok zorlandım ve ilk yılımın sonunda Türkiye'ye dönerek birkaç ay kendimi kapatmak istedim. Geri döndüğümde İstanbul'da iş buldum ve bir süre İstanbul'da yaşadım. Artık iki ülkeyi daha rahat karşılaştırabiliyordum ve bu mukayese sonucunda Montreal'e dönmeye karar verdim. İstanbul'daki maskeli hayatı ve herkesin birbirine bağımlı olduğu dünyayı bırakıp yeniden göçtüm. Şimdi Montreal'de mutluyum. Normalde Türkiye'ye yılda iki kez gidiyorum ancak pandemi sürecinde kuralların yeterince uygulanmaması, cezaların caydırıcı olmaması gibi sebeplerle Türkiye'ye gitmeyi tercih etmedim. Burada Covid-19 stresini daha iyi yönetebiliyorum çünkü haber alma şeffaflığı var. Pandemiye dair bilginin şeffaflıkla paylaşılması beni rahat ettiriyor. Hukukun kuvvetli olmasından dolayı da çok mutluyum.

Peki ya özlem? Özlem hep var. Denizi çok özledim. Taze meyve sebze yemeyi, iyi beslenmeyi, güzel giyinmeyi özledim. Yine de Türkiye'ye döneceğimi düşünmüyorum. Tüm psikolojik zorluklara rağmen hiç, lanet olsun, döneceğim demedim. Ama lanet olsun, asla dönmem dediğim zamanlar oldu.

Ben bir göçmen miyim? Emin değilim. Türk asıllı Kanadalı da değilim. Henüz o kadar ait hissetmiyorum. Sanırım ait olma hissi en çok özlediğim. Göçmek kolay değil. Herkese göre bir seçenek olmadığına inanıyorum. Özellikle geleneksel ve kendi kültürüne sıkı sıkıya bağlı insanlar için çok zor bir süreç. Bu sürece girenlere veya gireceklere bıraktıkları ülkeye üçüncü bir gözle bakmalarını ve geldikleri ülkeyle duygusal bir bağ kurmaya çalışmalarını öneririm.

Ela'nın São Paulo Hikâyesi

1983 doğumluyum. 2014 yılında Brezilya'ya, São Paulo'ya yerleştim. Gayrimüslim olmam sebebiyle, son yıllarda olumsuz deneyimler yaşamaya başlamıştım. Üstelik İstanbul'da yaşanabilecek en rahat hayatı yaşıyordum. Tatil için gittiğimiz Brezilya'yı çok sevdik ve sekiz ay içinde yerleşme kararı aldık. Şimdi burada küçük bir Türk lokantamız var. Her gün iyi ki geldik diyoruz. Beni en mutlu eden şeyler insanların pozitifliği ve ülkenin yeşilliği. Parklarını, bahçelerini, devasa ağaçları çok seviyorum. Ne dinimle ne de Türk oluşumla ilgili en ufak bir ayrımcılığa uğruyorum. Türkiye'de ayrımcılığın arttığını ve hatta artık sadece gayrimüslimlerin değil pek çok kişinin ayrımcılığa maruz kaldığını düşünüyorum.

Kuşkusuz ki Türkiye'de maddi anlamda daha rahat yaşıyordum. Daha az çalışıp daha fazla kazanıyordum. Buna rağmen Türkiye'ye dönmeyi düşünmüyorum. Özlemek her zaman baki. Arkadaşlarımı çok özlesem de benden sonra o kadar çok arkadaşım Türkiye'den ayrıldı ki...

Göçmenlik herkesin başa çıkabileceği bir deneyim değil. Her şeyden önce doğru ülkeyi bulmak çok önemli. Ben doğru ülkeyi bulduğuma inanıyorum. Anadolu insanının sıcaklığını buldum burada. Kolaylıkla dost olabilen bir kültür gördüm. Türkiye artık böyle değil. Her fikre ve her bireye saygı duyulan bir ülkede yaşamaktan, özel sağlık sigortam olmamasına rağmen devletten çok kaliteli sağlık hizmeti almaktan mutluyum. Öyle ki, bugün ölsem, burada gömülmek isterim.

Serkan'ın Stuttgart Hikâyesi

1987 doğumluyum. 2007 yılında Stuttgart'a yerleştim. Almanya hayatımda hep vardı; iki dedem de burada işçiydi. Lisede ve üniversitede Almanca eğitim almayı seçtim ve 2007'de, üstelik Türkiye'de pek çok şeyin bugünden daha farklı olduğu bir dönemde, ülkenin dünyaya daha açık olduğu yıllarda Almanya'ya göçmeye karar verdim. Pek çok insan bu kararıma çok şaşırdı ve desteklemediler de. Arkamda o dönemki kız arkadaşımı ve ailemi bırakarak yola çıktım. Gelinen noktada bir de bakıyorum ki çok fazla insan buraya gelmeye başladı.

Bir ülkeden göçme kararı almak kolay değil; kolaylıkla diğerlerine tavsiye edilebilecek bir durum da değil. Ben, benden öneri isteyenlere öncelikle zorlukları anlatıyorum. Bu kararı alırken bilhassa iklime uyumlu olmak gerektiğini de vurguluyorum. Elbette ben erken yaşta ve çok isteyerek bu kararı almış olsam da, dayanamıyorum döneceğim dediğim anlar yaşadım. En çok da buradaki kurallar tarafından zorlandığımı hissettiğimde bunu yaşadım. Ama dönmedim. An itibarıyla Türkiye'ye dönmeyi hayal etmiyorum. Yılda bir ya da iki kez gidiyorum ülkeme ve her gittiğimde değişmiş buluyorum; özellikle de insan ilişkileri açısından. İnsanları çok müdahaleci buluyorum ve nefes alamıyorum. Türkiye'ye dönebilmem için ülkede bir şeylerin değişmesi gerekiyor.

Burada yaşadığım hayattan mutluyum. Şehir ve doğanın iç içe olmasından mutluyum. Türkiye'deki gibi sürekli gözünü açarak, kendini kollayarak yaşamak zorunda olmamaktan mutluyum. Kendime göçmen demiyorum. Almanya'da doğmuş ve yetişmiş Türkler gibi değilim. Mutlaka bir tanım gerekiyorsa "sonradan gelen kişi" yim. Yurtdışında yaşayan bir yabancıyım.

Gürkan'ın Şanghay Hikâyesi

1988 doğumluyum. 2011 yılında Çin'e yerleştim. Buraya MEB bursuyla geldim. Hem okudum hem çalıştım. Mezun olmadan işe başladım. Türkiye'de annemi kaybedince gittim. Beş yıldır görüşmediğim abimi saymazsanız, ülkede hiçbir dayanağım kalmamıştı.

En son gittiğimde ülkede büyük bir kültür şoku yaşadım. İnsanların soğukluğu, kabalığı, iletişimsizliği ve kibri beni şaşırttı. Her an bir sosyal deneye maruz kalıyormuşum gibi yaşamak istemediğimi anladım. Her konuda tedirgin hissettim kendimi Türkiye'de. Ülkede olanları anlamıyorum. Çin'de çıplak gezsen kimse dönüp bakmaz ama Türkiye'de özgürlükler konusunu sadece kadınlar için değil tüm bireyler için vahim görüyorum.

Çin gerçekten ruhsuz bir ülke; insani sıcaklık yok. Biri ağlasa dönüp bakmazlar. Peki ben neyini seviyorum? Maaşım düşük olsa da tek başıma yaşayabilme, geçinebilme imkânını seviyorum. Çok kazanmasam da yaşamın ortalama lükslerine erişim imkânım olmasını seviyorum.

Türk olmakla her zaman gurur duydum, duyuyorum; ama Türkiye'den olmakla ilgili sıkıntı yaşadığım oluyor. Çin'de imajımız pek iyi değil. Irkçılığa maruz kalıyorum. Havalimanında tutulup yarım saat odada sorgulanmak, telefonunun kurcalanması, arkadaşlarının aranması gibi kötü deneyimler yaşıyorum. Buradaki Türklerle de çok fazla iletişim kuramıyorum. Dayanışma duygusu yok. 200 kişilik WecHat grubunda 100 kişi birbiriyle kavga ediyor. Öğrenci grupları bile kendi içlerinde hızla bölünebiliyor. Başka kültürlerde bunu gözlemlemiyorum.

Şimdi Türkiye'ye döner miyim, bilmiyorum. Uzun zamandır Türkçe bile konuşmuyorum. Sanırım artık benim için en son seçenek Türkiye. 2011'den önce Ankara'daki yaşantımda bir LGBTİ+ üyesi olarak daha rahattım. Bugün dönsem neler yaşarım tahmin edemiyorum.

Nuray'ın Riga Hikâyesi

1992 doğumluyum. 2018'de Letonya'ya yerleştim. Yazılımcıyım. Aslında Türkiye'de çalıştığım şirketten, işimden, arkadaşlarımdan çok memnundum. O dönemde yazılımcıların Türkiye dışına çıkışları hızlanmıştı. Açıkçası bir yandan da ülke üzerime gelmeye başlamıştı. Ve kendimi Riga'da buldum.

İstanbul'da doğdum, büyüdüm. Muhafazakâr bir ailenin kızıyım ama ailem özgürlükçüdür. Beş vakit namaz kılan annem de özgürlükçüdür. Ailemden kaçmadım ben; ama siyasal İslam mesajlarından ürktüm. Kadın cinayetlerinden ürktüm. Riga'yı, yemyeşil oluşunu, kültürünü çok seviyorum. Arkadaşlarım var; yalnız değilim. Kariyerim iyi. Ama bunu inşa etmek için çok uğraştım.

Son dönemlerde o kadar çok yazılımcı geliyor ki buraya, yöneticim Türkiye'de neler oluyor diye sordu. Burada Türkiye ve özellikle Türkiye'nin erkeklerine dair önyargılar fazla. Kendimi bir kültür elçisi gibi hissediyorum. İnsanlara sürekli Türk yemekleri yapıyorum. Türkiye'yi çok özlüyorum. Türkiye'de olan biteni yakından takip ediyorum. Hatta Türkiye'de yaşarken bu denli yakın takip etmezdim. Göçmek bana çok şey öğretti. Yakın tarihimizi, siyasal yapımızı çok okumaya başladım. Türkiye'ye dışarıdan bakmaya başladım. Kendimi çok iyi tanıdım. Anladım ki, dümdüz, ortalama Türk'üm.

En çok kış mevsiminde zorlanıyorum. İlk beş ay çok düşündüm geri dönmeyi; Türkiye'deki arkadaşlarım ve annem çok destek oldular. En büyük korkum arkadaşlarım tarafından unutulmak.

Göçmenlik toleransımı artırdı. Türkiye'de kendimizi sürekli aşağılıyoruz. Cahil, eğitimsiz değiliz. Ben devlet okullarında okuyarak buralara geldim; Türkiye'de yetiştim. Türkiye'nin gençliğinin işsizlik problemi çözülebilirse, pek çok kaygının önüne geçilebilecek.

Bir gün Türkiye'ye dönebilirim. Yazılımcılar için her şeye rağmen Türkiye'de durum hâlâ iyi. Ama tek bir dileğim var, aslında çok basit bir dilek; o da siyasetin daha bütünleştirici olması.

Seray'ın Toronto Hikâyesi

1992 doğumluyum. 2016 yılında, mezun olduktan iki hafta sonra Toronto'ya yerleştim. Garsonluk, mutfak elemanlığı, baristalık, market asistanlığı gibi türlü işler yaptım.

Modern görünüp baskıcı olan bir aile yaşantısından çıktım. Kendimi ailemin evinde evcil hayvan gibi hissediyordum. Şu anda buradaki hayatımda hiçbir şey istediğim gibi gitmiyor; ama umutluyum. Önemli olan da bu. En büyük sorunum arkadaşlık; bunu halen çözemedim. İnsanlar geliyorlar ve gidiyorlar. Buradaki Türk komünitesiyle olan ilişkileri de çözemiyorum. Dayanışma olmadığını düşünüyorum. Sanki buradaki Türkler kimsenin hayatı benimkinden kolay olmasın diye uğraşıyorlar. Yine de dayanmaya çalışıyorum. Nasıl mı dayanıyorum?

Bir dönem pes ettim ve geri döndüm. Beş ay yaşadığım Türkiye sürecinde günde 10 saat çalışma karşılığı 30 lira kazanınca, içime kapalı bir insan olduğumdan işten kovulunca dönmeye karar verdim. Süreç Türkiye'deki kadar kötü değildi burada.

Türkiye'ye dönmeyi düşünmüyorum. Hem ben değiştim hem Türkiye. Burada kendimi sokakta güvende hissediyorum. Türkiye'de kadın olmak çok zor.

Ben kimim? Göçmen miyim? Nereliyim? Toronto'lu değilim. Ankaralı değilim. Ev benim için hiçbir yer değil artık. Türkiye evim değil. Kanada da değil. Ortada uzayan bir boşluğun içindeyim.

Orhan'ın Barselona Hikâyesi

1990 doğumluyum. 2015'te Barselona'ya yerleştim. Askerlik zamanım gelmişti ve birikimimi ya paralı askerlik için kullanacaktım ya da aynı parayla yurtdışında lisansüstü eğitim alacaktım. Bir yıllığına yüksek lisans için geldiğim Barselona'da kaldım. O dönemlerde Türkiye'de ortam iyice gerilmeye başlamıştı. Kalmayı seçtim.

İspanyollar güzel insanlar; burada mutluyum. İspanya'nın iklimini, yaşam tarzlarını, eğlence anlayışlarını seviyorum. Irkçılık olmamasını seviyorum. İş ortamımdan memnunum. Yazılımcıyım. Avrupa'da bir başka ülkede de rahatlıkla iş bulabilir ve yaşayabilirim. Elbette Türkiye'yi çok özlüyorum. Son dönemlerde buradaki Türklerin sayısı artsa da ve aramızda dayanışma olsa da, ailesini ve yakın dostlarını özlüyor insan. Şartlarım uygun olmadığından dedemin cenazesine gidemedim. Bunu bir ömür telafi edemeyeceğimi biliyorum.

Pandemi döneminde pes ettiğim zamanlar oldu. Ama buradayım işte. Gitmek mi zor kalmak mı zor sorusunu kendime soruyorum. Sanırım gitmek daha zor. Yine de, daha sonra daha güçlü dönmek için gitmek gerekiyor bazen. Kaldığın yerde mutlu değilsen, gidip şansını denemelisin. Bir gün döner miyim bilmiyorum. Ama burada ölürsem, memlekette, büyüdüğüm yerde gömülmek isterim.

Mehmet'in Los Angeles Hikâyesi

2000 doğumluyum. 2019'da ABD'ye yerleştim. Türkiye'de iyi bir üniversitede okuyordum ama okulum Türkiye'de geçerliliği yüksek bir okul olsa da dünya şartlarında yetersizdi. Gitmeye karar verdim. Kurulu düzenimi ve babamın aile şirketini bıraktım, Amerika'ya yerleştim. Sanırım bu kararı verirken en önemli tetikleyicim Türkiye'de ne kadar çalışırsak çalışalım, emeğimizin karşılığını alamıyor olmaktı. Fark ettim ki ABD'de tuvalet temizlerken bile hayat daha kolay. İlk geldiğimde çok zorlandım; hayal kırıklıkları yaşadım. Her saniye dönebilirdim ama başa çıktım. Evet sekiz saat çalışıyordum ama akşam olunca her şey çok güzel oluyordu. 20 yaşında pizzacıda çalışan biri, "Bir gün kendi pizzacımı kuracağım," diyebiliyor. İşte Amerikan rüyası böyle bir şey.

Ben girişimci olmak istedim burada. İnsanlara istihdam sağlamak istedim. Aylarca uğraştım. Benimle kimse görüşmedi. Özellikle Türkler hiçbir dayanışma emaresi göstermedi.

Amerika'da en çok özgürlükleri sevdim. İnsanların güler yüzlü oluşunu sevdim. Kadın-erkek ilişkilerindeki medeniyeti sevdim. Çalışarak istediğin her şeyi alabilecek olmanı sevdim ki ilk arabam olan Ford Mustang'i çok kısa süre çalışarak alabildim.

Benim Türkiye'de çok iyi bir hayatım vardı. Vatanımı seviyorum. Ama Türkiye bana güven vermiyor. Döviz ve enflasyonun altında ezilmek istemiyorum. 2.500 lira maaşla Türkiye'de çalışacağıma ABD'de temizlik yapmayı tercih ederim. Türk genci yurtdışında dirençli olabilir; başarabilir. Yeter ki buna kendini hazırlasın.

Suna'nın Stockholm Hikâyesi

1985 doğumluyum. 2018'de eşim ve kızımla Stockholm'e yerleştik. Türkiye'den gitme fikri kızım doğduğunda oluştu. Çocuğumu baskıcı bir ortamda yetiştirmek istemiyordum. Aslına bakarsanız eşim pek göçecek biri değildi ama özgürlüklerin kısıtlandığı bir ortam onu da zorlamaya başlamıştı. Ben Sünni ve Türk'üm. Yani Türkiye'de doğuştan gelen sebeplerle ayrımcılığa uğramadım. Buna rağmen ülkenin genel siyasal atmosferi ve Türkiye'de çok uzun saatler çalışıp emeğimizin karşılığını alamıyor olmak bizi bir başka ülkede yaşamaya yönlendirdi.

İlk geldiğimde zorlukların farkına varmadım. Sanırım bir süre turist havasında kaldım. Zamanla anladım. Bu kültüre asla ait olamayacağımızı, her zaman göçmen kalacağımızı anladım. Ben ODTÜ mezunuyum. Okulumun ismiyle bile ülkemde bir kimliğim olabilirken, burada bütün bunların sıfırlanması beni çok zorladı. Şu anda eşim çalışıyor; ben çalışmıyorum. İş de aramıyorum çünkü iş arama sürecinde karşılaşılan zorluklar motivasyonumu bozuyor. Burada bir hayli asosyalim. Mutluyum diyemem ama Türkiye'dekinden daha az mutsuzum. En mutlumuz kızım. Eşim benden daha mutlu. Göçmenlik depresyonunu ben yaşıyorum. Kendime güvenmeye ihtiyacım var.

Ben normalde ailesini çok özleyen bir değildim ama pandemi sürecinde çok özledim. En çok Türkiye'de tiyatro ve konsere gitmeyi özlüyorum. İletişimin kolaylığını, kültürel kodları biliyor olmayı çok özlüyorum.

Göçmeyenin göçeni anlaması çok zor. Göçme kararı, bıçağın ne kadar kemiğe dayandığıyla ilgili bir an. Göçmeden önce, gelip de geri dönenleri anlamıyordum; şimdi anlıyorum, demek ki gerçekten çok zorlanmışlar. Çocuğum olmasaydı, sanırım ben de dönerdim.

NE YAPACAĞIZ?

Türkiye medyasına 2021'in bahar aylarında trajikomik bir haber düştü. Trajedi kısmı haberin insan kaçakçılığını konu alması; komedi tarafı ise bunun çevreye duyarlı bireyler yetiştirmek kılıfıyla yapılması. Haberde, bir belediyenin "Çevreye Duyarlı Bireyler Yetiştirmek Projesi" için yurtdışına gönderdiği 45 kişiden 43'ünün geri dönmediği öne sürüldü. Dönen iki kişi de belediye başkan yardımcılarıydı. İlgili belediyenin başkanı, gazeteci İsmail Saymaz ile yaptığı röportajda[1] şunları söyledi: "Vatandaş işsiz, güçsüz. Dedik buradan giderler, iş güç sahibi olurlar. Bana makul geldi. Burada Türkiye Cumhuriyeti'ne yük olacak insanlar gidiyor..."

Konuyla ilgili soruşturmalar derinleşince anlaşıldı ki memlekette bu iş bir sektör halini almış. Elbette başkana makul gelen bu hal, yasalarımızca hiç de makul değildi ki İçişleri Bakanlığı, "suistimallerin önlenmesi amacıyla" mahalli idarelerce kamu personeli olmayan kişilere gri pasaport düzenlenmesi uygulamasını geçici olarak durdurdu.

1. https://www.sozcu.com.tr/2021/yazarlar/ismail-saymaz/ikinci-el-kamyon-icin-6376041/

Gidenler gitti. Peki ya kalanlar? Çok sevdiğim çağdaş filozof Alain Deneault, "Vasat oyunbozanlık etmez," diyor. Yani vasat kısa dönemli çıkarlara hizmet eder ve vasatlığın bedeli toplumun tüm kurumlarının kaçınılmaz olarak yozlaşmasıdır. Bu vasatlaşmaya dur denmeli. Eğitimin, kültürün, sanatın, bilimin, sporun iyileştirici gücüyle bu vasatlaşmaya direnmeli. Deneault'nun tabiriyle, "Artık anlamın kalmadığı yere tekrar anlam zerk edilmeli."

Bence son 20 yılda yeni bir dil yaratıldı; yeni bir kültürü tarifleyen bir dil. Bu dili öğrenerek büyüyen milyonlarca genç var Türkiye'de. Bu dil kapsayıcı, birleştirici değil; ayrıştırıcı bir dil. Türkiye'de yükselen yeni zengin profilinin gençler tarafından azımsanmayacak oranda rol model tayin edilmesine dair gözlemlerim var. Her yıl yüz binlerce öğrenciyle yaptığımız araştırmalarımızda, üniversite birinci sınıf öğrencileri, son sınıf öğrencileri ve mezun olup iş yaşamına atılan gençlerin yaklaşımlarındaki farklılıkları analiz ediyoruz. Her evrede iş güvencesi ve para kazanma kaygısı artıyor; yaratıcılığını kullanma, kendini geliştirme önceliği azalıyor. Gençlerimizin temel yaşamsal ihtiyaçlarını karşılama ve hayatta kalma kaygıları var; bu sebeple toplumsal misyon konusu ilk sıralarda gelemiyor. Araştırmalarımıza göre Türkiye'de "toplumsal bir amaca hizmet etme" hedefinde olan gençlerin oranı Avrupa ve Kuzey Amerika ülkelerinin oldukça gerisinde. Peki bu gençler nasıl icatlar çıkaracak, keşifler yapacak, kendileri için, yetiştirecekleri çocuklar için, ülke için nasıl değer yaratacaklar?

Kırmızı Mürekkep

Sosyolog Slavoj Žižek, 9 Ekim 2011'de Wall Street işgalcilerine Zuccotti Park'ta yaptığı konuşmasında bir hikâye anlatır:[1]

> Doğu Alman bir adamcağız Sibirya'ya çalışma kampına yollanmış. Mektuplarının sansür edileceğini bildiğinden, arkadaşlarına demiş ki: "Bir şifre bulalım. Eğer yolladığım

1. Slavoj Žižek, "Arzuladığınız Şeyi Gerçekten İstemekten Korkmayın", çev. Bülent Somay, http://www.altust.org/2012/02/arzuladiginiz-seyi-gercekten-istemekten-korkmayin/

mektup mavi mürekkeple yazılmışsa, söylediğim her şey doğrudur. Eğer kırmızı mürekkeple yazılmışsa, yalandır." Bir ay sonra arkadaşları ilk mektubu almışlar. Mavi mürekkeple yazılmış. Diyormuş ki: "Burada her şey harika. Dükkânlar tıka basa yiyecek dolu. Sinemalarda Batı'dan gelen filmler gösteriliyor. Evler geniş ve rahat. Bir tek kırmızı mürekkep yok."

Tıpkı bizim memleket gibi. Batılı ülkeleri kıskandıracak barajlarımız, köprülerimiz, tünellerimiz, metrolarımız var. Tek eksiğimiz kırmızı mürekkep. Tek eksiğimiz gerçeği olanca çıplaklığıyla ifade edebileceğimiz bir dil ve bir alan.

Dilimize "hakikat-sonrası" diye çevrilen *post-truth* çağında, yani doğruların, hakikatlerin, olguların önemini yitirdiği bir dönemde, en büyük ihtiyacımız gerçeğin kendisi. Dünyanın küresel bir köy haline geldiği, bilgiye erişimin saniyeler mertebesinde mümkün olduğu bugün, hakikate erişmek o kadar da kolay değil. Hele ki haber alma özgürlüğü konusunda karnesi zayıf olan ülkelerde, internette gerçeği bulmak da hiç kolay değil. Demokrasisi gelişmiş ülkelerde dijital okuryazar olmanız 21. yüzyıl vatandaşı olmak için yeterli olabilir; ancak Türkiye gibi Dünya Basın Özgürlüğü endeksinde 180 ülke arasında 157. sırada olan, 142 gazetecinin cezaevinde olduğu ve neredeyse her gün gazetecilerin mahkemelerde yargılandığı ülkelerde doğru bilgiye erişmek için okuryazar olmanız yetmiyor; sağduyu ile çeperlenmiş çok kuvvetli bir zihinsel filtreye ihtiyacınız var.

Hal böyleyken, bir süper kahraman bekleyecek vaktimiz yok. İş başa düşüyor. Bireysel çabalarla ekonomiyi iyileştiremeyiz, evet; ama klavye başından kalkabilir, pasif vatandaşlıktan aktif vatandaşlığa geçebilir, içinde yaşadığımız toplumu iyileştirmeye azımsanmayacak bir katkı koyabiliriz. Konda "Aktif Vatandaşlık Araştırması"na göre ülkemizde toplumun yüzde 53'ü, siyasete etki edemeyeceğini düşünüyor. Herhangi bir sivil toplum kuruluşuna üye veya gönüllü olma oranı ise yalnızca yüzde 18. Coğrafyanın kader olduğuna dair ezberlenmiş inançlarımızı bugün rafa kaldırıp, kendimize bizden başka kimsenin okumadığı mavi mürekkepli mektuplar yazmayı bırakabiliriz.

Žižek, bahsi geçen konuşmasının sonunda şunları söyler: "Her şeyin mükemmel olduğu bir dünyada yaşamıyoruz. Daha önümüzde uzun bir yol var. Cevap bekleyen pek çok zor soruyla karşı karşıyayız. Neyi istemediğimizi biliyoruz. Peki istediğimiz şey nedir?"

Gençler için Olumlu Yaşam Deneyimleri Tasarlamak

Biraz Pollyanna'cılık oynayacak olursak beyin göçünün bir elin parmaklarını geçmeyecek sayıda olumlu etkilerini bulabiliriz. Benim aklıma sadece bir tane fayda geliyor. Bu faydayı daha kolay anlayabilmemiz için önceki bölümlerde geçen modern diaspora kavramını tartışmaya açmak istiyorum. Gelişmiş ülkelere göçen ve oralarda yerleşik hale gelen aynı ülke vatandaşları diaspora yoluyla ülkelerine bilgi, teknoloji ve yatırım transferi yapabilirler. Elbette bu fırsattan yararlanmak isteyen kural koyucu, bu yolu kolaylaştırmalıdır. Bununla birlikte, yeni nesil göçün ülke ekonomisi, sosyolojisi ve hatta psikolojisi için birden fazla olumsuz etkisi var. Türkiye'nin küresel yetenek kıtlığında ön sıralarda gelen bir ülke olduğunu hatırda tutarak, yetkin gençlerin göçünün ne denli olumsuz bir faktör olduğunu anlayabiliriz. Beyin göçü yüksek nitelikli işgücünün ve öğrencilerin geçici süreyle de olsa yokluğuna bağlı olarak ülkede üretken kapasitenin kaybına neden olur. Tam da bu sebeple, yükseköğrenimdeki kamu yatırımlarının geri dönüşünü asgari seviyeye indirir. Ezcümle, karşı karşıya olduğumuz yeni nesil göç hareketi ciddiye alınmazsa, ülkede bilim çok geri kalır, muasır medeniyetler seviyesine erişim hayalimiz bir başka bahara kalır.

Gallup'ın bu yıl yayınladığı ve 116 ülkede gerçekleştirdiği "Küresel Duygu Durumu" araştırmasında ülkemiz ne yazık ki olumlu deneyim endeksinde Pakistan, Nepal ve Lübnan'ın gerisinde, son sırada yer alıyor.[1] Türkiye, aynı araştırmada "Önceki gün öfke göstermenize yol açan bir deneyiminiz oldu mu?" sorusuna en çok "Evet" yanıtını veren 2. ülke, "Önceki gün stresli miydiniz?" soru-

1. Gallup, *Global State of motions*, Gallup Press, Washington, 2021.

suna ise en çok "Evet" yanıtını veren 4. ülke olarak yer aldı. "Önceki gün gülümsediniz mi veya kahkaha attınız mı?" sorusuna en az "Evet" yanıtını veren ülke de Türkiye oldu.

2021 yılında Türkiye'de 71.584 üniversiteli genç ve 24.607 profesyonelle yaptığımız Universum araştırmasında "Fırsatım olursa Türkiye dışında kariyer yapmayı tercih ederim," diyen öğrencilerin oranı yüzde 81'di.

İstanbul Planlama Ajansı tarafından Nisan 2021 yılında gerçekleştiren "Ne Eğitimde Ne İstihdamda Olan Gençler Araştırması"na göre Türkiye'de bir işi olmayan ve eğitimine de devam etmeyen gençlerin yüzde 86,3'ü bir tanıdık olmadan Türkiye'de iş bulmanın zor olduğuna inanıyor.[1] Aynı araştırmada gençlerin yüzde 79,3'ü Türkiye'de fırsat eşitliğine inanmıyor ve yüzde 75,5'i imkân verilse yurtdışında çalışmak isterdim diyor. Ne Eğitimde Ne İstihdamda Olan Gençler (NEET - Neither in Employment, Education or Training) Türkiye'nin çok önemli bir sorunu. NEET, işgücüne dahil olmayan ve aynı zamanda eğitime (örgün eğitim, yaygın eğitim, çıraklık eğitimi, kurs) devam etmeyen 15-24 yaş arası nüfusu kapsıyor. Bu oranın artması, işgücü ve verimlilik kayıplarından kaynaklı finansal dezavantajların ötesinde, başka kritik kayıplar anlamına da geliyor: Ülkenin sosyal ve psikolojik sermayesi. TÜİK'in açıkladığı 2021 yılı ilk çeyrek verilerine göre ne eğitimde ne de istihdamda olan gençlerimizin oranı yüzde 24,7. Ne yazık ki Türkiye OECD ülkeleri içinde ne eğitimde ne istihdamdaki gençlerin oranında birinci sırada.

Türkiye'de beyin göçü tarihte ilk kez lise öğrencilerine kadar inmiş durumda. Avrupa, Amerika ve İngiltere'ye eskiden yüksek lisans ve doktora için giden Türkler, ilk defa lise biter bitmez ülkeden ayrılmaya başladı. İstanbul Erkek, Galatasaray, Alman Lisesi gibi asırlık okulları kazanan öğrenciler, "işsizlik korkusu" ve "niteliksiz üniversiteler" gerekçesiyle yurdu terk ediyor. 2019'da Alman Lisesi'nden mezun olanların yüzde 94'ü üniversite için yurtdışına gitti. İstanbul Erkek Lisesi'nin 135 yıllık tarihinde bir ilk yaşanıyor.

1. "Ne Eğitimde Ne İstihdamda Olan Gençler Araştırması", İstanbul Büyükşehir Belediyesi İstanbul Planlama Ajansı, İstanbul, Nisan 2021.

Almanya, ABD, Kanada, Fransa gibi ülkelerde üniversite eğitimine gidenlerin oranı, Türkiye'de kalanları geçti. Tarihî lisenin, 2019 mezunlarının yüzde 52.6'sı Avrupa'ya gitti. Alman Lisesi'nden yurtdışına gidenlerin oranı yüzde 94,7'ye çıktı. Galatasaray Lisesi'nden yurtdışına gidenlerin oranı ise yüzde 32,6'ya ulaştı.

Daha aydınlık bir gelecek için, ülkenin yeni nesillerinin dile getirilmeyen dertlerini iyi anlamalı, hem bireyler, hem kurumlar olarak Türkiye'nin gençleri için olumlu yaşam deneyimleri tasarlamayı ödev bellemeliyiz.

Türkiye Gençliğinin Dile Getirilmesi Gereken Dertleri

Bu kitaba konu olan göç araştırmasını gerçekleştirirken elbette göçmemiş ya da henüz göçmemiş Türkiyeli gençlere de ses vermek istedim. Ocak-Nisan 2021 tarihleri arasında 36 farklı şehirden, birbirinden çok farklı sosyo kültürel arka planlara sahip 106 gençle bir araya geldim ve hepsini saatlerce dinledim. Yıllardır yaptığımız kantitatif araştırmalarda elbette gençliğe ses olmaya gayret etmekteyim ancak kapalı grup toplantıları olarak tasarlanan bu çalışmalar benim için ayrı bir önem taşıyor. Ahmet Hamdi Tanpınar *Saatleri Ayarlama Enstitüsü* adlı romanında, "Saymak bizi daima aldatır. Gülünç ve eksik neticelere götürür. Zaten herhangi bir şeyi saymanın imkânı yoktur. İnsan tek bir hâl olsa istatistik denen bir şeye inanırım. İnsan karışıktır, durmadan değişir," der. Bir araştırmacı olarak Tanpınar'ın sözünü dinledim ve saymadan, grafiklerle analiz etmeden saatlerce susarak, kimi zaman da gözyaşımı tutarak (ve tutamayarak) gençleri dinledim.

Gitmek ve kalmak arasında sıkışmış bu gençlerin geçmişleri, aileleri, eğitim seviyeleri, sosyoekonomik düzeyleri birbirlerinden çok farklıysa da çözülmesi gereken dertleri ortaktı. Kaygı, sohbetlerimizin antikahramanıydı adeta. Hayal kuramadıklarından ve yorgunluk-yılgınlık içinde olduklarından bahseden bu gençler için kaygının adresi belliydi: Gelecek kaygısı. Gelecekte ayakta kalabilme kaygısı.

Eğitim gençlerle gerçekleştirdiğimiz saatler süren oturumlarda üzerinde en fazla konuştuğumuz başlıklardandı. Eğitime dair kaygılarının adresi ise üniversitelerin ruhuydu. Özgür üniversite farklı siyasal anlayışlardan gelen tüm gençlerin ortak isteğiydi.

Bu toplantılarda gençlerin umutsuzluk tasvirlerinin içinde en çok geçen kavramlar adaletsizlik, eşitsizlik, liyakat sorunu ve torpildi. Hemen her grupta gençler, özel sektörde bile iş bulabilmek için torpil gerektiğini, ülkenin her kurumunda liyakat sorunu olduğunu sıkça vurguladılar.

Elbette bu toplantıları yaparken, gençlerin erk sahibinden beklentilerinden ve Türkiye'yi nasıl gördüklerinden bahsetmemek olmazdı. Gençler siyasetçiler arasındaki iletişimin dilinden ve siyaset iletişimsizliğindeki samimiyetsizlikten hayli rahatsızdılar. Siyasette yaş ortalamasının yüksek oluşundan yakınan gençler, Türkiye siyasetinin aktörlerini "kaostan beslenen eski kuşaklar" diye tanımladılar. Agresif siyasetten çok rahatsız olduklarını ifade ederken korku ikliminden, ötekileştirmeden, kutuplaşmadan ve fanatizmden bıktıklarını anlattılar. Türkiye'nin gerçek gündemlerinden sapmayan siyasi liderler istediklerini açıkça dile getirdiler.

Türkiye'de yaşamaya dair dertlerinin arasında elbette kadın hakları sorunları ve toplumsal cinsiyet eşitsizliği de vardı. Bu derdin sadece genç kadın katılımcılar tarafından değil her cinsiyetten katılımcı tarafından dile getirilmesini çok anlamlı bulduğumu özellikle paylaşmak isterim.

Küresel iklim krizine ülkece duyarsızlığımız bu toplantılarda gençlerin dile getirdiği bir diğer başlık oldu. Aynı endişe deprem kuşağında olan ülkemizde bir türlü yeterince alınamayan tedbirler için de geçerliydi.

Gençleri saatlerce dinlediğim bu görüşmelerde dertlere panzehir gördükleri kavramları satır aralarından toplarken kalbimde güneş açtı. Bir kez daha gençlik çalışmaları yaptığım için ne denli şanslı olduğumu düşündüm. Böyledir gençler. İki kulağınızı ve gönül gözünüzü de açıp dinlerseniz, size şifreleri verirler. Bunca dertten bahsederken sevdikleri, önemsedikleri kavramları, ihtiyaç duyduklarını da aralara sıkıştırmayı ihmal etmediler. Elbette en çok umuttan bahsettiler ve umut için gerekli olanın adalet, demokrasi ve çoğulculuk olduğundan. Hesap verebilirliğin, şeffaflığın öneminin, sosyal devlet-sosyal adalet ve hukukun üstünlüğüne olan gereksinimin bolca altını çizdiler. Bir kez daha anladım ki, gençlere umut ve inanç aşılayan dil samimi ve sahici olmalıydı. Özgünlüğün ve -mış gibi yapmamanın değerini vurgulayan gençler, ancak böyle liderlerden ilham alabileceklerini söylüyorlardı. Empatinin, saygının, kapsayıcılığın, farklılıkları değil benzerlikleri yüceltmenin, ortak değerlerin önemine inanıyorlardı. Dünyayı anlamaya ihtiyaçları vardı ve bunun yolu özgürlükten geçiyordu. Bu toplantılarda onlara gül bahçesi vaat etmedim. Edemezdim. Sadece dinledim. Onlar için yargılanmadan dinlenmenin bile başlı başına ne büyük bir değer olduğunu bakışlarında gördüm.

AR-GE ve İnovasyon

Birleşmiş Milletler'in küresel kalkınma ağı olan BM Kalkınma Programı (UNDP), insanların daha iyi yaşamlar kurmalarına destek olmak için ülkelere bilgi, deneyim ve kaynak ulaştıran ve değişimi savunan bir kuruluş. UNDP Türkiye Temsilciliği, kapsayıcı ve sürdürülebilir büyüme, kapsayıcı ve demokratik yönetişim ve iklim değişikliği ve çevre konularında çalışıyor. UNDP, Türkiye'nin kalkınma gündemini üç temel konuda destekliyor:

1) Kapsayıcı ve sürdürülebilir büyüme, 2) kapsayıcı ve demokratik yönetişim, 3) iklim değişikliği ve çevre. Bütün bunları yaparken de bilişim ve iletişim teknolojisinin rolüne büyük önem veriyor.

Bu noktada Türkiye'nin de destekleyicisi ve parçası olduğu "Sürdürülebilir Kalkınma Amaçları"ndan[1] bahsetmemek olmaz. Bu 17 amaç, 2012 yılında Rio de Janeiro'da toplanan Birleşmiş Milletler Sürdürülebilir Kalkınma Konferansı'nda dünyamızın karşı karşıya olduğu acil çevresel, siyasi ve ekonomik sorunları ele alan evrensel hedefler kümesi oluşturmak maksadıyla doğdu. Bugünün Türkiye'sinde her kurumun 17 amacı özümsemesinin önemine inanıyorum; ama bu bölümde amaçlardan birkaçını önceleyeceğim.

Amaç 8: İnsana Yakışır İş ve Ekonomik Büyüme. UNDP çalışmaları, küresel ekonomi büyüse dahi bu büyümenin herkese aynı hızla refah getirmediğini, toplumun farklı ke-

1. https://www.tr.undp.org/content/turkey/tr/home/sustainable-development-goals.html

simleri arasındaki eşitsizliklerin artmaya devam ettiğini, iş imkânları çoğalsa bile bunun artan işgücüne yetecek oranda olmadığını ortaya koyuyor. Bu yüzden, klasik bir büyüme hedefinin yerine, sürdürülebilir kalkınma hedefleri konması öneriliyor. Sürdürülebilir kalkınma hedefleri, sürdürülebilir ekonomik büyüme, daha yüksek verimlilik düzeyi ve teknolojik yenilikleri öngörüyor; bunların yolu da girişimcilik ve iş imkânlarının teşvik edilmesinden geçiyor.

Amaç 9: Sanayi, Yenilikçilik ve Altyapı. Altyapı yatırımı ve yenilik, ekonomik büyüme ve kalkınmanın kritik itici güçleri. Dünya nüfusunun yarıdan fazlası kentlerde yaşadığından, toplu taşımacılık ve yenilenebilir enerji her zamankinden daha çok önem kazandı. Aynı şekilde, yeni endüstriler ve bilgi ve iletişim teknolojilerinin büyümesi de çok önemli. Teknolojik ilerleme, yeni iş imkânları yaratma ve enerji verimliliğini artırma gibi ekonomik ve çevresel sorunlara kalıcı çözümler bulmanın anahtarı. Sürdürülebilir endüstrilerin desteklenmesi ve bilimsel araştırma ve yeniliğe yatırım yapılması, sürdürülebilir kalkınmayı mümkün kılan önemli yollar. Dünyada internet erişimine sahip olmayan dört milyardan fazla insan var, ayrıca bunların yüzde 90'ı gelişmekte olan ülkelerde yaşıyor. Bilgi ve birikime eşit erişimi sağlamanın yanı sıra yenilik ve girişimciliği geliştirme açısından, dijital eşitsizliği gidermek kritik önem taşıyor.

Sürdürülebilir kalkınmanın anahtarlarından olan bu iki amaca ne denli odaklanırsak, nitelikli insanları göçten vazgeçirebilmenin sırrına da o kadar yaklaşacağız. Türkiye'nin yeni nesil göç kuşağının istikametine odaklanan araştırmamız net biçimde ortaya koyuyor ki, yetkin gençler, küresel ekonominin yapısındaki değişikliği kavrayan, AR-GE ve inovasyon çalışmalarına önem veren, katma değeri yüksek ürünlere yoğunlaşan, bilgi ve teknolojiyi ön planda tutan ülkelere göçüyorlar. Yenilikçiliğe, tasarıma ve üretime önem veren, keşfedenlerin, icat edenlerin, girişimcilerin cesaretlendirildiği, rant ekonomisinin değil bilgi ekonomisinin ve üretimin değerli olduğu sistemleri inşa edebilirsek, Türkiye'nin değerlerinin Türkiye'de kalacağına eminim.

Sürdürülebilir büyümenin ilk şartının AR-GE ve inovasyon olduğu böylesi bir dünyada yeni nesil göçte en önemli problemlerden biri de STEM alanında yetişmiş uzmanları kaybediyor oluşumuz. STEM Science, Technology, Engineering and Mathematics kelimelerinin baş harflerinin birleşmesinden oluşuyor ve Türkçe karşılığı FETEMM: Fen, Teknoloji, Mühendislik, Matematik.[1]

Ülkemizde STEM alanında yetişmiş nitelikli uzmanların beyin göçünü önlemek için çok daha insan odaklı, yenilikçi ve yaratıcı fikirlerin değer bulacağı hem fiziki hem de kurumsal ortamların acil olarak oluşturulması gerekiyor. OECD, yükseköğretimde STEM alanlarıyla ilgili birçok veri paylaşıyor. Bunlardan biri de 2030'daki STEM oranları. Araştırmaya göre, 2030'da Türkiye, OECD ve G20 ülkeleri genelindeki STEM mezunlarının yalnızca yüzde 1,5'ini oluşturarak 11. sırada yer alacak. Soru şu: Mezun olduklarında anayurtta kalacaklar mı?

2030'da OECD ve G20 Ülkelerinde STEM Mezunlarının Dağılımı

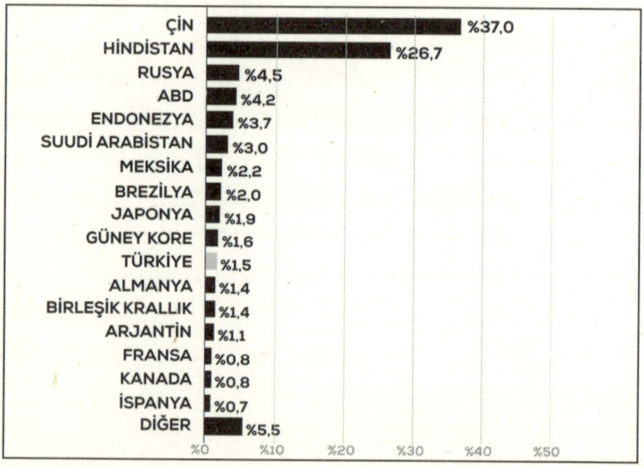

Kaynak: OECD Education Indicators in Focus N31.OELCD Publishing Paris. 2015

1. "Türkiye'de Eğitim Fakültelerinde FETEMM (STEM) Çalışmaları", Milli Eğitim Bakanlığı, MEB Müsteşarlık, Ankara. 2017.

Nepotizmle Mücadele

Nepotizm, akraba kayırma veya adam kayırma, öznel ve adil olmayan şekilde belirli insanlara kolaylık ve imkân sağlama anlamına geliyor. Akrabaları işe sokmak, yedi sülalesine kariyer yaptırmak, liyakate değil sadakate değer vermekte yüzlerce doktora çalışması çıkarabilecek kaynağa sahibiz ülkece. Geleceğin meslekleri ne olacak bilmiyorum ama, nepotizmin ata sporu olduğu ülkelerde bankamatik memurluğu bugünün değerli mesleklerindendir. Bu nepotizm denen meret öyle bereketlidir ki kariyer yaşamı boyunca şoförlük yapmış imam hatip lisesi mezunu bir bireyi Türkiye Büyük Millet Meclisi'nde Milli Eğitim, Kültür, Gençlik ve Spor Komisyonu üyesi bile yapabilir.

Bu sebeple, hiç şaşırtıcı değildir ki 2021 yılında Türkiye'de toplamda 96.191 gençle yaptığımız Universum araştırmasında Türkiye'nin kurumlarında liyakat olduğuna inanmayan gençlerin oranı öğrenciler için yüzde 51, profesyoneller için yüzde 60'tı.

İlber Ortaylı 6 Aralık 2020 tarihinde Hürriyet'teki köşesinde yeni nesil göçten şöyle bahseder:[1]

> Gerçi gençlerini dış dünyaya yollayan tek ülke Türkiye değildir, lakin Türkiye'ninki gerçek anlamda bir beyin göçüdür ve şaşarak izleyeceğimiz bu göç tarihinin acı gerçeklerine Türkiye toplumu hâlâ nasıl dayanıyor ve halen nasıl beyin üretimi içinde, bunu tartışmak ve tespit etmek çok zor. İtalya 1861 yılında birliğini gerçekleştirdikten sonra 1920'lerin sonuna kadar 30 milyon gencini göçmen olarak yollamıştır. Bunun o toplumda yarattığı tahribat açık, dış dünyadaki İtalyanların sadece çok becerikli mafya mensupları olmadıkları ve hayatın her alanındaki öncülerinin olmasıyla da anlaşılır. Bilhassa İkinci Dünya Savaşı'ndan sonra Türkiye'nin kaderi tıbbiye ve mühendislik mezunla-

1. https://www.hurriyet.com.tr/yazarlar/ilber-ortayli/kose-yazarliginda-20-yil-gecti-turkiye-nin-yarasi-degismedi-beyin-gocu-41680973

rının birkaç ay içinde Birleşik Devletler, Kanada ve Almanya'ya gitmesiyle çizilirdi. Göç durmazdı. Mesleğin ileriki yıllarında da devam ederdi.
2000 yılında yazı hayatıma bu problemi tartışarak başladım. 20 sene sonra hiçbir şey değişmedi, son zamanlardaki şartlar dolayısıyla durum daha da ağırlaştı. Nedenler muhtelif. En iyi okullarda okuyup şirketlere ve devlet hayatına girenler, hatta bunu dış ülkelerde yapıp diplomasını alanlar dahi bir müddet sonra sukutuhayale uğruyorlar. Devlet yönetimi nepotist dediğimiz akrabacı, hemşerici, kulüpçü ve tarikatçı bir anlayışın elindedir. Bizzat sağ ve soldaki siyasi partilerde bile bu yapılanma görülmektedir. Yetenekli genç insan enerjisini ve mesleki aşkını dökeceği bir kanal bulamamaktadır. Özel sektörde bile bu özellikler işletmecilik mantığına aykırı şekilde görülmektedir. Orada daha tehlikeli bir durum vardır, şirket sahiplerinin içinde megaloman yapıdakiler bizzat istihdam ettikleri gençlerin hiçbir fikrini ve projesini ciddiye almazlar. Büyük şirketlerde bile kabuklaşmış kurmaylar, yenilikçi bilgilerle gelen genç menajerlere fırsat tanımazlar. Bu nedenle memleket gençliğinin yönü Atlantik ötesine uzanır.

Ortaylı içinde bulunduğumuz durumu olanca şeffaflığıyla ortaya koyuyor. Peki nepotizmle nasıl mücadele edeceğiz? Öncelikle, nepotizmle mücadele etmek isteyen sağlam bir toplumsal yapıya ihtiyacımız var. Sonra da sadakati veya akrabalık-hısımlık bağlarını değil liyakati esas alan bir yönetim etiğine ihtiyacımız var. Buna sadece yeni nesil yetkinlik göçünün önüne geçmek için değil, sosyal barışı sağlamak için ihtiyacımız var. Nepotizm sadece toplumun dengesini altüst eden bir ahlak sorunu olmakla kalmaz; ekonomik, politik ve sosyal gelişmenin önünde de önemli bir engeldir. Mücadelenin en önemli aracı da kamudan özel sektöre tüm kurumlarda meritokrasi (liyakat sistemi), performans ve etik anlayışına uygun objektif ölçüler getirmektir.

Eğitim Sistemini Yeniden Yapılandırmak

Beyin göçü dediğimiz mesele bir entelektüel sermaye erozyonudur. Entelektüel sermaye, bağımsız düşünen yaratıcı zihinlerle büyür ve gelişir. Yaratıcılığı destekleyerek, sadakati değil liyakati alkışlayarak, keşif ve tasarım gücü olan insanlara ihtiyaçları olan özgür ortamı sunarak ve bütün bunların sunulabileceği en temel bağlam olan eğitimi siyasetin gölgesinden kurtararak büyük ölçüde engellenebilir. Dünyanın en önemli eğitim teorisyeni sayılabilecek John Dewey, cumhuriyetin ilk yıllarında Türkiye'ye gelir. Pek çok incelemeden sonra bir rapor hazırlar. İşte köy enstitülerinin kuruluş dayanakları bu raporu baz alır. Dewey 1945'te ülkemize tekrar gelir; Hasanoğlan Köy Enstitüsü'nü inceler ve tarihe geçen şu sözleri söyler: "Benim düşlediğim okullar Türkiye'de Köy Enstitüsü olarak kurulmuştur." Hem genel kültür hem mesleki beceri geliştiren bu tip kurumlara çok ihtiyacımız var. Köy enstitülerinin kapatılmasında da etkili olan siyasetin gölgesinin eğitim bağlamından uzaklaşması şart. Son 20 yılda ülkemizde hiçbir öğrenci başladığı sistemle mezun olamadı. Eğitim sistemini deneme tahtasına çevirmenin bedeli büyük. Bugün yeni nesil göç yollarını izlediğimizde bu tahribatın sonuçlarıyla karşı karşıya geliyoruz.

Bir yandan küreselleşme, diğer yandan dünyanın hızla değişen demografik yapısı ve üzerine eklenen pandemi, (öngörülebilecekken) öngörülemez krizleri de beraberinde getirdi. Bu değişimi iyi okuyamayan toplumlar da dert üstüne dert sahibi oldu. Bu dertlerden ülkeler ve ekonominin yapıtaşı şirketler için en kritik olanlarından biri yetenek kıtlığı. Bugün Türkiye'de ve dünyada, iş dünyasının başa çıkmak zorunda olduğu önemli sorunlardan biri *yetenek kıtlığı*. Bu tamlama, kurumların, yenilikçi kalmak ve çağı yakalamak için ihtiyaçları olan yetkinlikteki genç çalışanlara erişiminin zorluğunu tarif ediyor. Bir başka deyişle, okullar, sürdürülebilir kalkınma, gelişim ve aydınlanma için gereken kalitede insanları yetiştirmekte çağın gerisinde kalıyor.

Manpower'ın yayınladığı "2021 Yetenek Açığı Raporu"nun ortaya koyduğu çarpıcı bir gerçek var: Dünya çapında 100 şirketten

69'u ihtiyacı olan insan kaynağına, yani yeteneğe erişemiyor. Bu, son 15 yılın en yüksek seviyesi. Türkiye'de ise durum daha vahim. Her yıl pıtrak gibi açılan onlarca fakülte ve bir milyon yeni mezuna rağmen, bu oran ülkemizde yüzde 83. Yani, Türkiye'de her 100 şirketten sadece 17'si ihtiyaç duydukları kalitede genç yeteneğe erişebiliyor. Bu oranla yetenek kıtlığında dünya dördüncüsüyüz.

Adecco'nun dünyanın en iyi işletme okullarından biri olan INSEAD ile ortaklaşa hazırladığı Küresel Yetenek Rekabet Endeksi de Türkiye'nin yetenek açığını ortaya koyuyor. 2020 yılında Türkiye, üniversitelerinden mezun olan gençlerin küresel iş yaşamındaki rekabet gücünde 125 ülke içinde 74. sıradayken, bu yıl 78. sıraya kadar geriledi. Araştırmacı jargonunu bir tarafa bırakıp mevzuyu halk dilinde özetleyeyim: Yeteneksizsiniz Türkiye!

Yetenek denen şeyin yüzde 50'si genlerle gelse de, kalan yarısı disiplin, yoğun çalışma ve altyapıdan başlayarak gelişim. Ülkemiz sadece küresel iş yaşamında yeterince rekabet edemiyor değil; sanatta, sporda, bilimde bu ülkenin okullarında yetişmiş yeterince yeteneğimiz yok. Nobel ödüllü yazarlar, olimpiyat şampiyonları, müzikte, tasarımda, teknolojide dünya birincileri çıkaramıyorsak, bu da tesadüf değil. Kural koyucular tarafından her geçen gün yeteneksizlik yangınına bir odun daha atılıyor; vasatlığın sığ havuzunun ebadı adeta bile isteye genişletiliyor.

2019'un sonlarında YÖK Genel Kurulu YKS'ye (Yükseköğretim Kurumları Sınavı) hazırlanan 2,5 milyon öğrenciyi ilgilendiren önemli bir karar aldı. Buna göre yükseköğretim kurumlarında bugüne kadar özel yetenek sınavıyla öğrenci alan 14 bölüme, 2020 YKS'de merkezî yerleştirmeyle öğrenci yerleştirilmesine karar verildi. Bu bölümler neler mi? Çizgi film (animasyon), grafik, grafik resimleme ve baskı, grafik tasarım, moda giyim tasarımı, moda tasarımı, moda ve tekstil tasarımı, rekreasyon, spor bilimleri, spor yöneticiliği, tekstil, tekstil geliştirme ve pazarlama, tekstil tasarımı, tekstil ve moda tasarımı. İşte bu 14 farklı alanda, kişi yeteneksiz de olsa ezberciliğin ödüllendirildiği bir sınav sistemiyle alabileceği yüksek puan sayesinde istediği üniversiteye girebiliyor. Yetenekli ama çoktan seçmeli merkezî sınavda gerekli puanı alamayan bir diğeri ise heba oluyor. Yani memlekette bir kez daha nitelik değil nicelik, liyakat değil biat, mazruf değil zarf, aydınlar değil tüccarlar kazanıyor. Çağın en önemli yetkinlikleri olan yaratıcı zekâ, eleştirel tavır, tasarım düşüncesi her sene değişen sınav sisteminin dişlilerinde un ufak oluyor.

Bu şartlar altında, ülkenin gizli kalmış yetenekleri de kuş veya köpek taklidi yapan amcaların, kedilerin ya da maymunların, kolbastı ekiplerinin, bağıra çağıra şarkı söyleyenlerin, vasat illüzyonistlerin yetenek addedildiği yarışmalarda hiçbir yetkinliği olmayan bir jürinin iki dudağının arasında kendine bir gelecek yaratmaya çalışıyor. "Yüksek uygarlığın merdiveni sanattır," demiş Michelangelo. Biz o merdivenlerden yuvarlanarak iniyoruz.

Bir diğer çok önemli konunun da mesleki eğitim olduğunu düşünüyorum. Ülkemizde ortaöğretimden yükseköğretime yönlenme aşamasında dertlerimiz var. Bu dert, meslek lisesi ve normal lise ayrımının net olarak yapılamamasından ve gençlerin meslek liselerinden mezun olduklarında kendilerine uygun bir iş bulamayacakları yargılarından kaynaklanıyor. Bu yargıyı elbette herkesin üniversite mezunu olması şartını koşan kurumsal dünya da besliyor. Oysa, dünyanın gelişmiş ekonomilerinde meslek liseleri ara elemanların yetiştirildiği kurumlardır ve genç işsizliği probleminin çözülebilmesi için çok önemli yapıtaşlarıdır. Mesleki ve teknik okulların Türkiye genelindeki dağılımındaki dengesizlikler ve var olan bölümlerin işgücü piyasası gereksinimlerini karşılamaktan çok uzak oluşu mutlaka eğitimin kural koyucuları tarafından yeniden gözden geçirilmelidir.

Yaşam Boyu Öğrenme

James Baldwin'in şu sözlerine katılırım: "Yetenek denilen şeyin bir önemi yok. Yetenekli olup da harap hale gelmiş pek çok kimse tanıyorum." 21. yüzyılda bireyler olarak, kurumlar olarak, toplumlar olarak yetenekten çok yetkinliklere ihtiyacımız var. Yetkinlikler hedeflenen performansın elde edilmesi için gerekli öğrenilebilir, geliştirilebilir ve ölçülebilir davranışlardır. McKinsey'nin "Dijital Çağda

Türkiye'nin Yetenek Dönüşümü (2020)" raporuna göre 2030'a kadar ülkemizde 21,1 milyon çalışan mevcut mesleğine devam ederken yeni yetkinlikler geliştirecek. İki milyon çalışan farklı sektörlerde/ mesleklerde çalışmak için yetkinliklerini büyük ölçüde değiştirecek. 7,7 milyon çalışan işgücüne katıldıklarında gerekli güncel yetkinliklerle donanımlı olacak.

Kâr amacı gütmeyen bir stratejik araştırma grubu olan The Institute for the Future (IFTF) tarafından hazırlanan "Gelecek İşgücü Yetkinlikleri (2020)" raporuna göre önümüzdeki 10 yılın en önemli yetkinlikleri şunlar: anlam yaratma, sosyal zekâ, özgün düşünce, kültürler arası beceriler, bilişimsel düşünce, yeni medya okuryazarlığı, disiplinler arası kavrayış, tasarım düşüncesi, bilişsel yük yönetimi ve sanal işbirliği.

Peki Türkiye'nin eğitim kurumları ve müfredat odaklı öğrenme sistemimiz bu yetkinlikleri geliştirmeye hazır mı; geleceğe uyumlu mu? Bence hayır. Okulda edinilen bilginin gerçek yaşamdaki karşılığı konusunda Türkiye'nin gençleri de endişeli ki Universum - "Gençler İçin En Çekici Şirketler" araştırmamızın dokuzuncu yılında, bir kez daha, gençlerin işveren olarak seçecekleri şirketlerden en önemli beklentilerinin eğitim ve gelişime yatırım olduğunu görüyoruz. Araştırmanın omurgasını organizasyonel çekiciliğin belirleyenleri olan 40 temel işveren markası unsuru oluşturuyor. Şirketlerin, çalışanlarının gelişimlerine yatırım yapması Türkiye'de en önemli işveren markası ayrıştırıcısı. Bu durumun güçlü yanımız değil, gelişim alanımız olduğunu düşünüyorum. Eğitim sistemi güçlü ülkelerde (örneğin Finlandiya, Güney Kore, Kanada) şirketlerden çalışanların eğitim ve gelişimlerine yatırım yapılmasının beklenmesi gençlerin ilk beş önceliği içerisinde yer almıyor. Bu durumu, gelişmiş ülkelerin eğitime doyması olarak değil, özyönetimli öğrenmeye çoktan geçmiş olmaları şeklinde okuyorum. Bir diğer deyişle, öğrenme ve gelişimin kurumlar tarafından servis edilmesi gereken bir fayda değil, kişisel olarak yaşam boyu sürdürülmesi gereken aktif bir beceri halini almasının önemine inanıyor ve bu yetkinliğin okul öncesinden başlayarak geliştirilmesi gerektiğini düşünüyorum.

Yaşam boyu öğrenmenin bir ulusal eğitim politikası halini alması gereğinin en temel sebebi, giderek artan vasıfsızlaşma (*deskil-*

ling). Diplomalarımızda ne yazarsa yazsın, hangi şahane okullardan mezun olursak olalım, toplumun ve iş yaşamının hızla değişen dinamikleri sebebiyle neredeyse her gün vasıfsızlaşıyoruz. Vasıfsızlaşmaya hangi kuşaktan olursak olalım karşı koymak için de iki aracımız var: yeniden beceri kazanım (*reskilling*) ve yeni, üst becerileri kazanım (*upskilling*).

Türkiye'de 55 yaş üstü nüfus 14.800.000. Yani toplam nüfusumuzun yüzde 18'i. Bu nüfusun yüzde 25,5'i halen çalışma hayatında. Bana sorarsanız düşük bir oran. Burada kayıp bir kaynak var. Türkiye gibi genç nüfuslu ülkelerde orta yaş ve üzeri çalışanların değerli bir insan kaynağı olarak görüldüğünü sanmıyorum. Oysaki yeniden beceri kazanımı programları ile kurumlarda kuşak çeşitliliğinin sağlanması hem kurumsal hafıza hem de örgütsel barış için çok kıymetli. Belleği güçlü, barış ve refah içindeki toplumları insanlar bırakıp gider mi? Bence gitmez.

SONSÖZ

Ben bilmek istiyorum,
hayat gerçekten bir avuç yerde durmadan dönüp durmak,
sonra da yaşlanıp gitmek mi;
yoksa bu dünyada başka türlü yaşamak da mümkün mü?

Samed Behrengi, *Küçük Kara Balık*

Samed Behrengi 1939 yazında Tebriz'de beş çocuklu yoksul bir Azeri işçi ailesinin oğlu olarak dünyaya gelir. Kısacık yaşamı boyunca öğretmenlik, çocuk hikâyeleri ve halk masalları yazarlığı, derleyicilik, çevirmenlik yapar.

Tüm zamanlarda sansürle mücadele eden her düşünce insanının payına düşen, alegori sanatının ustası olmaktır. Kısa yaşamının İran'da şah yönetiminin en gerici uygulamaları dönemine denk gelişinin ona armağanı da belki budur. Baskıcı rejim ve sansür olgusu Behrengi'nin başka bir yaşamın mümkün olduğunu anlatmasını engellemez, bilakis sembollerini güçlendirir, düş gücünün sınırlarını geliştirir ve Behrengi'nin sözcükleri mücadelenin, cesaretin ve özgürlüğün en yalın hali olur.

1968'de, 29 yaşındayken, Aras Irmağı'nda ölüsü bulunduğunda, yüzerken boğulduğu söylendiyse de, bu pek inandırıcı değildir; şahı eleştiren yazıları nedeniyle suikaste uğradığı düşünülür.

Behrengi'nin çok sayıda masal kitabı 70'ten fazla dile çevrilir, dünyanın dört bir yanında yayımlanır. Bu masalların içinde biri var ki, açık denizleri merak eden cesur çocukların kalbinde kazılıdır sözleri... O masal dünyanın en devrimci balığını, küçük kara balığı anlatır...

Bir zamanlar küçük bir kara balık vardır. Küçük kara balık bir sabah erkenden uyanır ve annesini uyandırır. Ona, yuvasına uzak olan bir yere gitmek istediğini söyler. Çünkü ona göre balıkların çoğu yaşlandıkları zaman ömürlerini boşu boşuna geçirdiklerinden yakınırlar; sürekli sızlanır, lanet okur, her şeyden şikâyet ederler. Küçük kara balık bilmek ister; bu dünyada başka şekilde yaşamak da mümkün müdür?

Annesi yavrusunun bu fikirden vazgeçmesini ister. Oysa o çok kararlıdır; vazgeçmez. Küçük kara balığın fikrini duyan komşular da kızar. Farklı akarsuları, denizleri, okyanusları keşfetmek de neyin nesidir? Bilinmeyen yerlere gitmemek gerekir. "Siz gereğinden fazla düşünüyorsunuz. Ama yalnızca düşünmek olmaz ki!" der küçük kara balık; "Yola koyulursak korkularımız tümden kaybolur gider."

Ve küçük kara balık her şeye rağmen yola çıkar.

Bu dünyada demleme çay, sıcak çorba, anne şefkati, baba evi, memleket hasretine rağmen yola çıkanlar vardır. Dişlerini geçirirler kalplerine, yürürler. Bir göletten hiç dışarı çıkmayanlara anlatılacak hal değildir bu.

Bu dünyada her şeye rağmen yola çıkanlar vardır. Gidip, o derenin nerede bittiğini öğrenmeleri gerekir. Korkuları da vardır elbet; ama korkunun hiçbir türü, denizleri hiç düşünmemiş balıklarla yaşamaktan daha kötü değildir. Bilirler ki, ileriye her adım attıklarında, korku da o kadar eksilecektir.

Ben de göç yoluna çıkarken bir küçük kara balıktım. Fikrimi duyan dostlar kızdılar. Her şeye rağmen yola çıktım. Dişlerimi kalbime geçirdim. Korkuyordum. Yola koyulursam korkularım geçer sandım. Çıktığım göç yolu canımı çok acıttı. Toronto'nun durmadan yağan karını geceleri camdan izlerken tanrılar kadar yalnızdım. Bir mitolojik karakter olsaydım gözyaşlarım dağların arasından süzülüp Marsyas Irmağı'nı oluşturabilirdi. Oysa insandım. İnsana dair bir yoldaydım. Halil Cibran'ın dediği gibi yol boyunca yola çıkıp da yürümeyenleri, yola oturup gelen geçenin ayağına çelme takanları ve ne yazık ki maratona 100 metre koşucusu gibi hızlı girip ellinci metrede yola yatanları, yolu satanları gördüm. Aldırmadım, yürüdüm. Göç yolunda, göğsüme yüreğimden başka muska takmadım.

Bir gün, bir kimse Hz. Ömer'in yanına gelir ve birini metheder. Hz. Ömer ona üç soru sorar: Onunla yolculuk yaptın mı? Adam "Hayır," der. Onunla alışveriş yaptın mı? Adam, "Hayır," der. Peki ona komşuluk ettin mi? Adam yine, "Hayır," der. Hz. Ömer yanıtlar: "Vallahi sen onu tanımıyorsun." Bir Çin atasözünde de geçer: "Bir insanı tanımak istiyorsan onunla yola çık." İşte göç böyle bir turnusol kâğıdıdır. Göç deneyimi birlikte yola çıktıklarınızın gerçek yaşamsal reflekslerini görmek için muazzam bir süreç, çok keskin bir yüzleşmedir. Göç yoluna bir diğeriyle birlikte çıkacaklara bu yüzleşmeye hazır mısınız diye sormak isterim. Göç sizi sadece yol arkadaşınızla yüzleştirmez; geride bıraktıklarınızla, yeni yolunuzda tanıdıklarınızla da bir sınava tabi tutar. Kişisel göç yolculuğumda, bu sınavı geçemeyenleri gördüm. Ezberlerim bozuldu, bildiğim yanıldığıma yetmedi, yalancıların mumları yatsıdan sonra bile yandı, kutsallarım çürüdü, gün geldi yeryüzü ayağımın altından kaydı da gitti. El emeği, göz nuru diktiğim heykeller devrildi gitti. Tutulmayan sözler bir halat gibi dolandı boynuma. Öte yandan, anayurdumda ve yeni vatanımda koşulsuz sevgi ve destekleriyle elimden tutanlar da oldu. Bana ve Ali'ye cömertçe kalplerini, yuvalarını açanlara daima müteşekkir olacağım. Yaşamımın kalan kısmında bana referans olacak hem kanatıcı hem şifalandırıcı deneyimler yaşattı bana göç.

Ömrümün bu deminde, sevdiklerimin, çocukluğumun renkli camdan misketleri gibi dünyaya saçıldığını, hayat tarafından hasret marifetiyle "ütüldüğümü" hissediyorum. Birden fazla zaman dilimini aynı anda yaşıyor, gözümü açtığım her sabah bulunduğum coğrafyayı tanımlamak üzere birkaç dakikamı ayırıyorum. Kemerlerinizi bağlayın, servis masalarınızı kapatın, güneşliğinizi açın anonslarıyla hangi sevdiğime yaklaşsam, bir diğerinden uzaklaşıyorum. Ruhumda bir gecekondulaşma, yüreğime izinsiz katlar çıkıyorum.

Frida Kahlo'nun beni en çok etkileyen eseri *Elbisem Orada Asılı* (*My Dress Hangs There*) isimli tablosudur. Frida (eski) eşi Diego ile birlikte Diego'nun aldığı resim siparişleri nedeniyle bir süre ABD'de yaşar. Frida bu dönemde de resim yapmayı sürdürür ama ABD günleri ilişkilerine pek de iyi gelmez. Üçüncü yılın sonunda Frida artık Meksika'ya dönmek ister ancak o dönem Diego, Rockefeller Center'da duvar resmine çalışıyordur. Frida Kahlo ABD ve Meksika arasında bölünmüş hayatını, 1933 yılında New York'ta yaptığı *My Dress Hangs There* isimli eserinde anlatır. Kilise camındaki dolar işareti, bir yanda kupa bir yanda tuvalet, her şeyin kullanılıp çöpe atılması, sağ planda fabrikaların sembolize ettiği sanayileşme, sol planda bina yanarken şık giysiler içinde pencerede bir kadın... Tüm bunların ortasında ise Frida'nın yerel "tehuana" elbisesi... Frida'nın sadece elbisesi orada asılıdır; oysa kalbi Meksika'dadır. Tıpkı benim de sadece elbisemin Kanada'da asılı olduğu gibi...

Bu kitapta göçü tariflemeye, göçmeni anlatmaya çalıştım. Tüm akademik çalışmaların, bilimsel analizlerin ötesinde göç insanın parmağında hiç iyileşmeyen bir kâğıt kesiğidir. Göçmenin anayurdu gurbettir. Gurbet ince belli bardağı özlemek mi, canının simit çekmesi mi, kapıyı tutan yabancıya eyvallah demek mi, rakıyı idareli tüketmek mi, banyoda türkü söylemek mi? Hiçbiri değil. Doluya koysan almayan boşa koysan dolmayan gurbet şerbetinden tattıkça anlıyorum ki gurbet dünya coğrafyasında bir yer değil; gurbet belleğimde bir köşe, kalbimde bir boşluk, ciğerimde bir sızı. Gurbet yaban ellerde olmakla tanımlanabilir değil. Kendimize, sözümüze, toprağımıza, birbirimize yabancılaştıkça derinleşen yalnızlığımız gurbet. Yani gurbet, epeydir, içimizde...

Herman Amato'nun (Can Yücel çevirisiyle) uzak mesafeleri tanımlayışı düşüyor aklıma:

En uzak mesafe ne Afrika'dır,
ne Çin, ne Hindistan,
ne seyyareler, ne de yıldızlar geceleri ışıldayan
en uzak mesafe
iki kafa arasındaki mesafedir, birbirini anlamayan...

İşte, bizim gurbetimiz orada...